HENRI BÉNAC
Ancien élève de l'École Normale Supérieure
Agrégé des Lettres

PIERRE BURNEY
Agrégé de grammaire
Assistant à la Faculté des Lettres
Professeur au Centre culturel de Rome

GUIDE
DE CONJUGAISON

HACHETTE

ISBN : 2.01.010143.X

Introduction _____

Les formes verbales sont **une des difficultés majeures de notre langue.** Or les grammaires, faute de place, ne donnent sur la morphologie que des renseignements insuffisants. Nous avons essayé de combler cette lacune et de concilier deux exigences apparemment contradictoires : **être simple et être complet.** On trouvera donc dans ce livre **toutes les formes verbales** (*lexique* et *tableaux*), ainsi que **tous les renseignements** qui permettent de les construire et de les utiliser (*clés du fonctionnement verbal*). Mais on y trouvera seulement les formes verbales et les notions grammaticales nécessaires à leur maniement : pour l'emploi des temps et des modes, par exemple, le lecteur consultera sa grammaire française habituelle dont ce manuel fournit le complément naturel[1].

Les formes **en bleu** des **tableaux** ont été choisies à partir de relevés des fautes les plus fréquentes. Elles représentent les points névralgiques de la conjugaison. Les **verbes types** ont été groupés non seulement en fonction de leurs ressemblances, mais aussi d'après leur fréquence et l'importance de leur famille, les plus urgents à connaître venant autant que possible les premiers. Dans le **lexique,** les verbes les plus fréquents (en gras) correspondent à ceux du *Dictionnaire fondamental* de G. Gougenheim ; les verbes de moyenne fréquence (en romain) appartiennent généralement au *Dictionnaire du français contemporain,* tandis que les verbes rares sont en italique, de même que les formes rares des tableaux. Les notions de **fréquence** et de **difficulté** ont donc été combinées pour donner plus d'efficacité au livre que nous présentons aujourd'hui.

Notre lexique ne vise pas à être un dictionnaire complet des **verbes réguliers** (types aimer et finir). Ce serait vain, car aux verbes infiniment nombreux de la langue technique s'ajoutent des néologismes en création incessante ; inutile, puisque tous ces verbes ne présentent aucune difficulté de conjugaison ; dangereux, car on risque d'entériner ainsi des néologismes douteux rapidement désuets, des verbes passés d'usage, argotiques ou d'un niveau de langue peu recommandable dans le style écrit. Aussi, tout en donnant, pour la commodité du lecteur, le maximum de verbes, avons-nous banni ceux qui étaient de ces espèces. Mais, pour

_____

1. Hamon, *Grammaire pratique,* Hachette.
Grammaire Larousse du français contemporain.

qui les connaît et désire les employer, il s'agit, répétons-le, de verbes qui se conjuguent régulièrement sur aimer ou finir.

En revanche, pour les **verbes irréguliers,** il fallait être beaucoup plus complet. Aussi avons-nous cité les verbes rares, archaïques, techniques, néologiques ou d'un niveau de langue assez bas. Mais si notre ouvrage donne ainsi le moyen de les conjuguer, il ne saurait aller au-delà et servir de garant à leur emploi. Nous avons mis ces verbes **en italique.** Cela signifie que, tout en éclairant le lecteur sur leur conjugaison, nous lui conseillons de vérifier dans un dictionnaire soit leur sens, soit leur niveau de langue, soit leur position dans le français actuel. De toute façon, ils posent un problème que nous signalons ainsi.

De même, dans les tableaux, les formes rares (que je susse) ou improbables (je suffis) ont été mises **en italique,** mais non supprimées, ces formes apparaissent tout de même quelquefois : Je ne me suffis pas à moi-même, Je ne suffis pas à tout, etc.

En conclusion, nous souhaitons que ce guide soit un instrument **pratique** de **révision** et de **consultation,** et qu'il permette au lecteur de **retrouver,** ou de **construire, aisément** n'importe quelle forme verbale.

Utilisation pratique du guide_____

Il y a deux façons complémentaires d'utiliser ce livre.

1 La consultation

Trouver ou **vérifier** une forme verbale.

Soit un verbe difficile comme **absoudre.** Cherchez-le dans le **lexique.** Vous trouverez, en face de ce verbe, un numéro : 80 qui vous renverra à un **tableau.** Ce tableau ne vous donnera pas la conjugaison d'**absoudre,** mais celle de **résoudre,** verbe plus fréquent, et qui sert de modèle à **absoudre.** Si c'est, par exemple, la 1re personne du pluriel du présent de l'indicatif que vous recherchez, le tableau vous donnera : **nous résolvons,** sur lequel vous construisez sans peine : **nous absolvons.** Un coup d'œil sur les **signes** qui accompagnent chaque verbe (p. 204) vous permettra de saisir s'il s'emploie comme transitif direct ou indirect, comme pronominal, s'il est intransitif ou impersonnel, quel auxiliaire lui convient. Quant aux particularités de détail qui peuvent le distinguer du modèle sur lequel il se conjugue ou aux difficultés qui lui sont propres, elles sont indiquées au lexique, en note, pour les verbes réguliers des groupes 1 et 2, et au tableau correspondant pour les verbes irréguliers du groupe 3. Les **clés** (pp. 7-31) vous fourniront la solution des difficultés qui pourraient encore se présenter : auxiliaires, accords, problèmes orthographiques.

2 La révision

Assimiler l'ensemble des verbes.

a) Étudiez à fond les **clés** (pp. 7-31).

b) Puis étudiez systématiquement les tableaux (pp. 32-199). Les verbes types valent doublement la peine d'être assimilés : ce sont les plus **fréquents** de tous et ils donnent en outre la **clé** de tous les verbes conjugués sur leur modèle. A l'intérieur de chaque tableau, vous travaillerez tout spécialement les formes les plus difficiles qui sont **en bleu.** Rappelez-vous également qu'on retient beaucoup mieux les formes quand on se donne la peine de les **écrire.** La révision méthodique des formes permettra de faire passer l'essentiel du guide **dans vos mémoires** et **dans vos automatismes.** A cette étape, vous n'aurez plus besoin de consulter votre livre que rarement, et c'est là le but à atteindre.

L'alphabet phonétique international

1 Voyelles orales simples :

[i]		: si, physique
[e]	fermé	: été
[ɛ]	ouvert	: mère, tête, mais
[a]	antérieur	: patte, bras
[ɑ]	postérieur	: pâte, bas
[ɔ]	ouvert	: notre, or
[o]	fermé	: le nôtre, chose, mot
[u]		: mou

2 Voyelles orales composées :

[y] : tu
[ø] : bleu, il pleut
[œ] : fleur, il pleure

3 e dit muet :

[ə] : le, de, premier

4 Voyelles orales nasales :

[ɑ̃]	produit à partir de [a]	: an, cent
[ɛ̃]	produit à partir de [ɛ]	: vin, vingt
[ɔ̃]	produit à partir de [ɔ]	: son, sont
[œ̃]	produit à partir de [œ]	: brun(s)

5 Semi-voyelles :

[w] = [u] prononcé très rapidement : oui, roi
[ɥ] = [y] prononcé très rapidement : lui, puits
[j] = [i] prononcé très rapidement : pied

6 Consonnes :

[b]	: bon		[p]	: papa
[d]	: dur		[r]	: Paris
[f]	: fort, affaire, philosophie		[s]	: se, ce, leçon, dix
[g]	: goût		[t]	: toi, théâtre
[ʒ]	: jeune, âgé, mangeons		[v]	: vous
[k]	: corps, cinq, qui, kilo, archéologue		[z]	: zéro, disons, dixième
[l]	: le		[ʃ]	: chat, schéma, architecte
[m]	: me		[ɲ]	: peigne
[n]	: ni			

Les clés
du fonctionnement
verbal

1/L'analyse verbale

Soit la forme verbale : **ils aiment.** L'analyse permet de découvrir et de classer toutes les caractéristiques de cette forme écrite.

1. Dans **aim**ent, nous trouvons d'abord un **radical : aim-** qui porte en lui le sens même du verbe **aimer.**

2. Dans aim**ent,** il y a également une **terminaison** (ou désinence) qui indique à la fois la personne et le nombre (3ᵉ personne du pluriel).

3. Dans **ils** aiment, nous voyons aussi apparaître le **pronom personnel** (ou pronom de conjugaison) ils. Il indique, comme la terminaison, la personne et le nombre (3ᵉ personne du pluriel) et fait donc double emploi avec la terminaison.

4. Ils aiment (présent de l'indicatif) s'oppose à une forme comme : ils **ont** aimé (passé composé) ; ils aiment est une forme verbale **simple,** c'est-à-dire faite d'un seul mot, une fois mis à part le pronom de conjugaison. En revanche, ils **ont** aimé est une forme verbale **composée,** c'est-à-dire faite de plusieurs mots, même si on ne compte pas le pronom de conjugaison. **Ont** est un **auxiliaire** (voir p. 15, chap. 3).

5. Ils aiment, nous l'avons vu, est à la 3ᵉ personne du pluriel, comme l'indiquent le pronom personnel de conjugaison et la terminaison.
On distingue **3 personnes :** 1ʳᵉ (je, nous), 2ᵉ (tu, vous), 3ᵉ (il, elle, on, ils, elles).
Le pronom de conjugaison de la 3ᵉ personne est très souvent remplacé par un nom ou un groupe de mots sujet : les enfants aiment.

Le nous « de modestie », souvent employé par un auteur, ainsi que le vous « de politesse » sont en réalité des singuliers, comme le prouve l'accord : Nous sommes persuadé. Vous êtes venu, Monsieur...

6. Ils aiment est une 3ᵉ personne du **pluriel,** comme l'indiquent à la fois le pronom **ils** et la terminaison **-ent (nombre).**

7. L'identification de **ils aiment** comme 3ᵉ personne du pluriel n'est pas suffisante. Ouvrez le livre au tableau 7 et vous verrez aussitôt que **ils aiment** appartient à une zone, à un secteur qui est appelé **indicatif.** L'indicatif est un **mode.** Les modes (du latin **modus** : manière) indiquent les diverses manières dont on présente l'action. Le tableau 7 vous montre qu'il y a six modes :

4 modes personnels	**l'indicatif** : Ils aiment les voyages. **le subjonctif** : Il faut qu'ils aiment leur travail. **l'impératif** : Aime ton prochain ! **le conditionnel** : Ils aimeraient leur travail s'ils en comprenaient l'utilité[1].
2 modes impersonnels	**l'infinitif** : Je voudrais aimer mon travail. **le participe** : Aimant beaucoup jouer, il travaillait rarement.

N.B. Pour l'emploi des modes et des temps, reportez-vous à votre grammaire habituelle : nous nous occupons ici des formes et non de la syntaxe du verbe.

8. Ils aiment appartient à la zone du mode indicatif, mais il faut préciser que c'est un indicatif **présent**. Il y a **3 temps : présent, passé** et **futur**.

■ Il y a autant de **présents** qu'il y a de modes : voir tableau 7.

■ Mais il y a 13 passés, beaucoup plus qu'il n'y a de modes. Si les modes impératif, conditionnel, infinitif et participe ont chacun un seul passé[2], le subjonctif a 3 passés à lui seul et l'indicatif 5 ! Ce foisonnement est d'ailleurs fort utile, car il y a bien des nuances de passé à exprimer.

■ Enfin, les formes du **futur** sont très peu nombreuses : l'indicatif en a 2, les autres modes n'en ont aucun. Le système verbal n'en permet pas moins d'exprimer toutes les nuances du futur. Par exemple, dans : Il faut que je lui rende son livre (la semaine prochaine), que je rende est un subjonctif présent pour la forme (et pour l'analyse), mais pour le sens, c'est bien un subjonctif futur, même si ce temps n'existe pas dans nos tableaux.

9. Si nous avons affaire à ils sont arrivés ou à ils s'aiment, nous devons utiliser un terme supplémentaire, celui de **voix** (ou forme). Il y a 3 voix dont voici les types :

■ ils aiment : voix **active** (voir tableau 7).

■ ils sont aimés : voix **passive** (voir tableau 5).

---

1. Le conditionnel est mal nommé car il n'exprime pas la condition. Dans la phrase : Si j'étais riche, j'achèterais une maison, j'achèterais ne se trouve pas dans la proposition **conditionnante** (avec si), mais dans la proposition **conditionnée** qui n'exprime cependant aucune condition. On propose parfois de remplacer **conditionnel** par **éventuel**.

2. Nous ne comptons pas ici le conditionnel passé 2e forme qui double le conditionnel passé 1re forme et n'existe que dans la langue littéraire.

■ ils s'aiment : voix **pronominale** (voir tableau 4).

■ Restent les verbes **impersonnels** (ou unipersonnels) qui ne s'emploient qu'à la 3ᵉ personne du singulier (il pleut, il faut que..., etc.) et où le pronom sujet il ou **ce** ne représente rien ni personne.

N.B. Pour le passage de l'actif au passif, voir p. 24. Pour les diverses catégories de pronominaux (réfléchis, réciproques, essentiellement pronominaux), voir pp. 26-29.

Nous avons donc trouvé 9 termes de l'analyse grammaticale. Les termes 1, 2, 3 et 4 représentent les observations que nous avons faites sur la forme verbale (terminaison **-ent,** pronom personnel **ils,** etc.). Les 5 derniers termes représentent les conclusions (3ᵉ personne, pluriel, etc.) que nous avons tirées de ces observations. Pratiquement, analyser une forme verbale consiste à énumérer ces 5 conclusions :

Ils aiment (verbe aimer)

- 3ᵉ personne
- du pluriel
- indicatif
- présent
- actif

2/Conjugaisons et groupes verbaux

1 La complication des formes verbales

Les conjugaisons nous frappent par **le foisonnement des formes irrégulières.** La conjugaison française utilise des centaines de formes très diverses.

La lecture (horizontale ou verticale) du tableau des **terminaisons** par exemple (tableau 3) vous fera déjà comprendre cette complexité. Bien sûr, il y a quelques règles correspondant à des séries relativement régulières. « La **2ᵉ personne du singulier,** dit-on, est toujours terminée par un **-s** ». Mais il y a, même ici, quelques exceptions : tu peu**x,** tu vau**x,** tu veu**x,** et aussi l'impératif : parl**e !**... Les terminaisons sont particulièrement nombreuses et irrégulières quand on envisage, par exemple, la 1ʳᵉ personne du singulier du passé simple (chant**ai,** vi**s,** mouru**s,** vin**s,** etc.) ou **le participe passé** (chant**é,** fin**i,** acqui**s,** confi**t,** couru, inclu**s,** sans compter les participes à **radical spécial,** comme **couvert, né** ou **mort**).

La diversité des **radicaux** accroît encore la complication. Si un verbe comme aimer se construit régulièrement sur un seul **radical** (aim-), et si finir est bâti sur deux radicaux (fini-finis) toujours répartis de la même façon, les autres verbes, qui sont **irréguliers,** sont faits sur plusieurs radicaux répartis de façon apparemment capricieuse. Ainsi, le verbe être a huit radicaux, faire et aller en ont six, etc.

2 Les groupes verbaux

Comment classer cette masse de verbes et de formes verbales ? Comment y découvrir un ordre ? La grammaire traditionnelle et officielle adopte un classement en trois groupes.

■ Groupe 1 en **-er** : 1ʳᵉ personne du singulier en **-e**

Ce premier groupe (aimer, j'aime) est **le plus régulier** de tous parce que **son unique radical** (aim-) ne subit pas de modification au cours de la conjugaison.

Certains verbes de ce groupe 1 comportent cependant des particularités. Les unes sont orthographiques : la cédille de plaçons sert uniquement à maintenir devant **o** le son [s] de **c.** D'autres sont phonétiques : ainsi, l'opposition acheter, j'achète [ə/ɛ].

Ce **groupe 1** comprend des milliers de verbes, les neuf dixièmes des verbes français. Le caractère **régulier** de sa conjugaison explique qu'il soit **vivant,** et même **productif,** c'est-à-dire en pleine expansion.

Par exemple, le langage courant préfère les verbes de ce groupe à leurs synonymes du groupe 3 plus difficiles à conjuguer, chercher, à quérir, tomber, à choir, clôturer ou fermer, à clore. Haïr (groupe 2) recule devant détester. On crée aussi à partir d'un substantif de nombreux verbes de ce groupe, spécialement dans le langage technique (ex. radiographier, téléviser) : ces verbes sont utiles lorsqu'ils correspondent à un sens précis. En revanche on se méfiera des verbes créés de la même façon pour concurrencer les verbes anciens dont la conjugaison était compliquée : *émotionner pour émouvoir (groupe 3/2), *solutionner pour résoudre.
L'astérisque (*) indique des formes à utiliser avec précaution parce qu'elles sont sorties de l'usage ou n'y sont pas encore entrées.

■ Groupe 2 en **-ir** (-issons, -issant)

Ce deuxième groupe (finir, finissons, finissant) est également **régulier,** puisque tous les verbes qu'il englobe se conjuguent en utilisant toujours de la même manière leur **double radical :** grandir, grandissons, grandissant, etc.
Il y a cependant un verbe légèrement irrégulier dans le groupe 2 : haïr (voir tableau 24).

Le groupe 2 est assez nombreux : plus de 300 verbes. On pourrait l'appeler vieilli (ou moins productif). En effet, **il s'accroît peu.** Notons cependant qu'il s'est enrichi au XXᵉ siècle des verbes amerrir et alunir (en 1959), tous deux créés sur atterrir, vieux verbe utilisé à l'origine par les marins, puis adopté par les aviateurs. En outre, il s'accroît de quelques verbes transfuges du groupe 3 comme maudire, bruire (cf. ces verbes), et, par un abus à éviter, vêtir (cf. déjà, chez Lamartine, il « vêtissait »).

■ Groupe 3

Le troisième groupe rassemble **tous les verbes irréguliers,** une fois mis à part les verbes à particularités des groupes 1 et 2. Il s'agit de 360 à 370 verbes (y compris les verbes rares et défectifs). Ces verbes difficiles se conjuguent sur une soixantaine de verbes types ou verbes modèles qui sont ceux de nos tableaux (à partir du tableau 25).
Le groupe 3 est subdivisé en **trois sous-groupes** distingués simplement par la terminaison de l'infinitif :

— groupe 3/1 : verbes en **-ir,** mourir (mourons, mourant) ;

— groupe 3/2 : verbes en **-oir,** recevoir ;

— groupe 3/3 : verbes en **-re,** rendre.

Le verbe aller, très irrégulier (malgré son infinitif en **-er**), reste hors classement.

On appelle parfois ce groupe 3, groupe **mort** (ou improductif). On veut dire par là que ce groupe **ne s'accroît plus du tout. Il décroît même.** Certains de ses verbes sont sortis de l'usage (*tistre, par exemple, dont il ne reste que tissu, ancien participe devenu nom). D'autres sont en train d'en sortir. C'est le cas de plusieurs verbes presque morts dont on n'emploie plus que quelques formes et parfois même une seule : gésir, choir, ouïr, etc.

Ces verbes à conjugaison incomplète sont appelés **défectifs.** Il y a beaucoup plus de défectifs que ne le disent les grammaires. En effet, un grand nombre de formes verbales n'existent que « sur le papier ». Par exemple, les Français cultivés eux-mêmes ont tendance à éviter les formes de frire qu'ils ignorent. Ils n'emploient pratiquement que le participe passé (frit, frite) et l'infinitif (On fait frire les poissons. Ils sont en train de frire).

Le groupe 3 des irréguliers est donc **fermé, en décroissance et dénombrable.**

Les caractères irrégulier et improductif de ces verbes sont étroitement liés : c'est parce qu'ils sont irréguliers et imprévisibles qu'on ne peut pas fabriquer d'autres verbes sur leur modèle.

3 Les formes verbales « solidaires »

Nous appelons **solidaires** les formes verbales dont le rapport mutuel est constant, ce qui permet évidemment de **construire l'une à partir de l'autre.** Exemple : à partir des 1res personnes du pluriel du présent de l'indicatif (aim-ons, finiss-ons, all-ons, mour-ons etc.), on peut construire les imparfaits de l'indicatif (aim-ais, finiss-ais, all-ais, mour-ais, etc.), et inversement. Cette possibilité existe pour tous les verbes français.

Les formes constamment solidaires

1. Pluriel 1, présent indicatif ⟷ Imparfait indicatif : faisons → fais-ais, etc.

2. Pluriel 1, présent indicatif ⟷ Participe présent : faisons → fais-ant, etc.[1].

3. Singulier 2, pluriel 1 et 2, présent indicatif ⟷ Impératif : fais, faisons, faites, etc.[2].

4. Participe passé féminin ⟷ Participe passé masculin : acquis-e → acquis[3].

5. Participe passé ⟷ Tous les temps composés : acquis → j'ai acquis, j'eus acquis, etc. (Pour le choix de l'auxiliaire, voir chap. 3 p. 16.)

6. Futur ⟷ Conditionnel présent : je ferai → je ferais, etc.

---

1. Etc. signifie que la formule vaut pour tous les verbes, en dehors de être et de avoir. Une seule exception : sav-ons ne permet pas de construire sa-chant.

2. Une exception : sache, sachons, sachez (en face de sais, savons, savez). Notez aussi qu'à tu aimes (gr. I) correspond aime! (sans s) et qu'à tu vas correspond va! (sans s).

3. Une double exception : absoute et dissoute (en face de absous, dissous).

7. Singulier 2, passé simple ⟷ Subjonctif imparfait : tu tins → que je tinsse, etc. (Quand le passé simple n'existe pas, ex. : distraire, il n'y a pas non plus de subjonctif imparfait.)

On dit parfois que « le futur est construit sur l'infinitif » : finir → finirai, etc. Cette formule est **souvent** exacte, mais elle est loin de l'être toujours : à partir de aller, tenir, courir, mourir, cueillir, etc., on ne peut pas construire automatiquement irai, tiendrai, courrai, mourrai, cueillerai, etc.

Il reste encore un bon nombre de formes verbales qu'il est impossible de construire à coup sûr à partir d'une autre forme **courante** et cela accroît naturellement leur difficulté. C'est le cas de l'indicatif présent (singulier 1, 2, 3 et parfois pluriel 3), du passé simple (et quelquefois du futur), du présent du subjonctif et du participe passé. Ces formes sont d'ailleurs très souvent imprimées **en bleu** dans nos tableaux et vous devez les apprendre avec un soin tout particulier.

3/Comment choisir l'auxiliaire?

1 Les auxiliaires être et avoir

a) Être et avoir sont auxiliaires

Ils sont auxiliaires quand ils sont suivis d'un participe passé et forment avec celui-ci un temps composé[1] : alors ils perdent leur sens premier et deviennent des mots-outils purement grammaticaux. Ainsi, j'ai ne signifie plus du tout je possède dans la phrase : J'ai perdu mon stylo. L'auxiliaire[2], vidé de son sens propre, assure la fonction grammaticale, tandis que le participe assure la fonction sémantique (c'est-à-dire indique le sens du verbe).

b) Les temps composés sont très nombreux

Ces temps sont en très grand nombre (voir par ex. tableau 7), puisque à chaque temps simple correspond un temps composé (outre le conditionnel passé 2e forme j'eusse aimé qui double le conditionnel passé ordinaire).

Certains temps composés sont très **employés** : c'est ainsi que le passé composé tend de plus en plus à remplacer le passé simple, en partie parce qu'il est plus facile de le construire, à partir du participe passé, que de se rappeler une forme irrégulière de passé simple.

Il est donc très important de savoir choisir entre les auxiliaires être et avoir quand on a besoin de former un temps composé.

---

1. Ou surcomposé (voir tableau 6) : Quand j'ai eu fini... J'ai été battu... etc.
2. Le mot auxiliaire signifie aide (latin : auxilium).

2 Comment choisir entre être et avoir ?

Un tableau général

1 passif	Auxiliaire **être** partout : Je suis aimé, elle a été aimée[1], être aimé, etc.
2 pronominal	Auxiliaire **être** partout : Je me suis trouvé, je me serais méfié, etc.
3 actif	Quelques intransitifs ont obligatoirement **être**. **a)** Construction intransitive[2] (ou transitive[2] indirecte). La plupart des verbes ont **avoir**. Certains hésitent entre **avoir** et **être**. **b)** Construction transitive directe : auxiliaire **avoir** partout. Je l'ai vu, l'ayant aimé, après l'avoir trouvé, etc.

Et les impersonnels ?

Les verbes impersonnels à proprement parler ont toujours avoir : Il a plu, il a neigé.

Les verbes accidentellement impersonnels ont le même auxiliaire que les verbes personnels correspondants :

Il est tombé de la pluie (la pluie est tombée).

Il a couru des bruits (des bruits ont couru).

Ce tableau général montre que **1, 2 et 3 b ne présentent aucune difficulté** : tous les passifs et tous les pronominaux ont l'auxiliaire être, tous les actifs transitifs directs ont l'auxiliaire avoir.

Les problèmes d'emploi des auxiliaires sont donc concentrés dans la bande **3 a** du tableau.

a) Les intransitifs qui prennent toujours être (zone grise)

Ils sont suivis du signe ê dans le lexique.

Il est bon d'apprendre par cœur ces verbes peu nombreux, et dont voici la liste : 1. aller, 2. venir, 3. arriver, 4. (re)partir, 5. tomber et la plupart de leurs composés.

---

1. Vous devez bien comprendre que dans : Elle a été aimée, par exemple, l'auxiliaire de aimée est être (d'où l'accord avec le sujet). Le a de elle a été est l'auxiliaire de l'auxiliaire être.
2. Sur ce que signifient intransitif, transitif direct ou transitif indirect, on se reportera p. 24.

Sauf quatre composés de venir : circonvenir et prévenir qui prennent avoir en tant que transitifs directs (voir tableau 26), contrevenir et subvenir qui sont transitifs indirects. Un composé de partir (départir) prend également l'auxiliaire avoir dans les cas rares où il est transitif direct : Dieu nous a départi ses bienfaits.

* **Attention !**

Repartir (partir à nouveau) a normalement être comme partir. Mais repartir (répondre rapidement) prend avoir, comme répondre.

On remarquera que ces cinq verbes ont rapport à la direction d'un mouvement.

6. rester (qui marque l'inverse d'un mouvement : immobilité ou permanence), 7. naître, 8. devenir, 9. mourir, 10. décéder (ces verbes marquent un changement d'état, une sorte de mouvement au figuré).

b) Les verbes qui prennent tantôt **être** tantôt **avoir** (zone bleue)

Ils sont suivis du signe **ê ?** dans le lexique.

■ 1re alternance : être (intransitifs) / avoir (transitifs)

Il existe des verbes comme entrer qui sont tantôt intransitifs, tantôt transitifs. Ils appartiennent donc tantôt à la zone 3a (intransitifs), tantôt à la zone 3b (transitifs) de notre tableau de la page 16.
Quand ces verbes à double construction sont transitifs, ils prennent naturellement l'auxiliaire **avoir.** Mais quand ils sont **intransitifs, ils utilisent l'auxiliaire être.**

construction intransitive : être	construction transitive : avoir
Je suis entré dans la librairie.	J'ai entré la voiture dans la cour.
Je suis sorti pendant la matinée.	J'ai sorti les tapis sur le balcon.
Nous sommes montés sur la terrasse.	Nous avons monté la valise au grenier.
Je suis retourné chez lui.	Le vent a retourné mon parapluie.
Lazare est ressuscité à la voix du Christ.	Le Christ a ressuscité Lazare.

■ 2e alternance : être (résultat) / avoir (action)

Elle se produit tout entière à l'intérieur de la zone 3a, il s'agit des verbes intransitifs qui prennent avoir quand ils **marquent une action** antérieure au moment où l'on parle, être quand ils marquent le **résultat** de cette action, ou l'état :
Les vacances ont passé trop vite (action), quoi qu'il en soit, elles sont passées (résultat), n'en parlons plus.
Son livre a paru en avril (action). Son livre est paru depuis trois mois (résultat, état).
Le lait a tourné (action). Le lait est tourné (état).

Voici une liste approximative des verbes construits avec avoir quand ils marquent l'action, avec être quand ils marquent le résultat :

accourir	dégénérer	monter
(cf. tableau 29)	descendre	paraître
apparaître	(cf. tableau 55)	passer
(cf. tableau 77)	diminuer	pourrir
camper	disparaître	rajeunir
changer	divorcer	ressusciter
crever	éclater	sonner
croupir	échouer	stationner
débarquer	éclore	tourner
déborder	(cf. tableau 84)	trépasser
déchoir	embellir	vieillir
(cf. tableau 54, 3)	enlaidir	
dégeler	expirer	

Mais cette alternance n'est pas régulièrement respectée. Être s'emploie souvent à la place de avoir pour marquer l'action, par exemple dans les phrases suivantes :
Le train est (a) passé à sept heures (action).
Le train est passé depuis longtemps (résultat).
Lazare est (a) ressuscité à la voix du Christ (action).
Christ est ressuscité ! (état-résultat).

On constate la même tendance à généraliser l'emploi de l'auxiliaire être même pour marquer l'action dans les verbes suivants : monter et descendre, éclore, accourir et apparaître.

Dans le cas de passer et de ressusciter, on préfère sans doute employer être parce que les formes avec avoir (a passé, a ressuscité...) sont déjà retenues pour la construction transitive (voir 1re alternance). La même explication est possible pour monter et descendre, mais pas pour les intransitifs éclore, accourir et apparaître. Dans le cas de ces deux derniers verbes, on évite peut-être l'auxiliaire avoir afin d'éviter la rencontre de deux a (il a apparu).

■ 3e alternance : être/avoir, liée au sens

Enfin, vous apprendrez par l'usage les quelques autres verbes, assez rares, où l'alternance être/avoir permet d'exprimer une différence de sens extrêmement nette.

Exemples :

demeurer

J'ai longtemps demeuré à Paris (J'ai habité).
Nous sommes demeurés immobiles, fascinés par le spectacle (Nous sommes restés).

échapper

Cet énorme barbarisme avait échappé aux correcteurs (n'avait pas été remarqué par eux).
Je ne comprends pas qu'un pareil barbarisme me soit échappé (que je l'aie commis par mégarde).

Notez qu'il n'y a pas ici d'opposition intransitif/transitif ou résultat/action. L'alternance être/avoir sert à exprimer deux significations très différentes. L'emploi de était échappé dans la 1re phrase nous ferait croire que ce sont les correcteurs eux-mêmes qui ont commis le barbarisme !

Les quelques autres cas d'alternance **être/avoir**, liée au sens sont étudiés dans les **notes du lexique.** Il en est de même des remarques de détail concernant l'emploi des auxiliaires qui ne figureraient pas dans ce chapitre.

Remarque finale

Vous trouverez dans les textes littéraires des formes archaïques qui risqueront de vous dérouter : *J'ai (nous dirions : je suis) resté six mois entiers à Colmar sans sortir de ma chambre (Voltaire). Les formes de ce genre sont considérées actuellement comme incorrectes.

4/Comment faire les accords verbaux ?

1 Les accords du verbe à un mode personnel

■ Règle

A un mode personnel le verbe (et, dans les temps composés, l'auxiliaire) s'accorde en nombre et en personne avec son sujet.

■ Qu'est-ce que le sujet du verbe ?

On dit habituellement que le sujet représente celui (ou ce) qui fait l'action (verbes d'action), celui (ou ce) qui se trouve dans telle ou telle situation (verbes d'état) :

L'élève cherche la solution (action).

Pratiquement, on peut trouver le sujet en posant avant le verbe la question qui est-ce qui ? ou qu'est-ce qui ? : qui est-ce qui cherche ? l'élève.

Le sujet est très souvent un pronom personnel de conjugaison. Surtout à la 3e personne, ce peut être aussi un nom, ou n'importe quoi :
un groupe de mots : **la plupart des enfants** trouvent...
un groupe invariable : **et** est une conjonction de coordination.

Les grammaires disent ce qu'il faut savoir sur les quelques problèmes, d'ailleurs peu compliqués, que peuvent poser ces accords. Nous attirons donc simplement l'attention sur quelques erreurs fréquemment commises.

a) Répétition ou absence du pronom personnel sujet

En principe, chaque verbe à un mode personnel doit avoir **un** sujet (pronom, nom ou pronoms ou noms formant un groupe) et **un seul :** on ne doit donc pas répéter le sujet sous la forme d'un pronom, mais on ne doit pas non plus employer le verbe sans sujet.

Exemples :

Toutes les fois qu'**il** rencontrait une grande personne, **il** lui posait la même question. **J'**ai pris mon crayon et **je** lui ai dessiné une maison dans laquelle **il** aurait pu accueillir au moins dix familles.

Est donc incorrecte une phrase du type : Les enfants, **ils** jouent.

Il y a toutefois quelques **exceptions,** dont certaines sont purement apparentes.

20

Le pronom sujet est parfois absent en français correct.

On est presque obligé d'omettre les pronoms sujets dans les successions de propositions indépendantes **courtes,** juxtaposées ou coordonnées.

Il court à la voiture, ouvre la portière, s'assied au volant, et démarre à toute vitesse.

Rappelons que le pronom sujet est obligatoirement absent à l'impératif : parle, parlons, regarde-toi ! (dans ce dernier exemple, toi est un pronom complément d'objet direct correspondant au se de se regarder).

Le pronom sujet est parfois répété en français correct.

☆ Inversion complexe interrogative

Pierre viendra-t-**il** à l'excursion ?
Le sujet Pierre est repris par le pronom il.

☆ Sujet apparent il

Il n'est pas facile de circuler dans le centre de Paris.
Selon l'analyse traditionnelle, le sujet réel est circuler (circuler n'est pas facile) ; il, sujet apparent, ne fait ici que l'annoncer.

☆ Répétition d'insistance

Moi, **je** suis optimiste, mais toi, **tu** vis dans l'anxiété.
Je et tu, faisant pratiquement partie de la forme verbale, deviennent des sortes de préfixes morphologiques et perdent leur valeur pleine. Ils ne la retrouvent qu'en s'appuyant sur moi et toi.

Jean est extrêmement studieux : quant à Georges, **il** ne travaille pas.
Le sujet grammatical est il, représentant Georges. L'expression quant à Georges souligne et annonce ce sujet qui ne doit pas être supprimé.

☆ Répétition de rappel

Dans des phrases extrêmement fréquentes, tout particulièrement en français parlé, on trouve une sorte de sujet de rappel, qui répète le sujet déjà exprimé auparavant :
Ce qui me ravirait, **ce** serait une petite maison à la campagne.
Ce qui plaît aux paresseux, **c'**est de ne rien faire.

Outre que ce rappel favorise la clarté, il permet de reconstituer le groupe présentatif (ce serait, c'est, etc.) disjoint par l'intercalation de la proposition relative.

☆ Apposition

Médecin et psychologue, **il** a voulu enseigner l'art de bien vivre.
Médecin et psychologue est considéré comme en apposition à il. Nous n'avons donc dans cette phrase qu'un sujet, il, précisé par son apposition.

b) En ce qui concerne la personne

Le verbe d'une relative commençant par qui est généralement à la personne du pronom antécédent :
Moi qui **suis** étranger, **toi** qui **es... nous** qui **sommes...,** etc.
C'est **moi** qui **ai** réussi à résoudre le problème.

c) En ce qui concerne le nombre, deux problèmes font difficulté

1. Dans le cas d'un sujet **collectif,** on accorde plutôt au pluriel : Une foule d'élèves, la moitié des élèves **sont** absents.
La plupart des élèves **sont** arrivés en retard (attention ! pluriel obligatoire).

Si plus de deux élèves **sont** absents (pluriel obligatoire). Remarquez cette curieuse exception : avec **plus d'un,** la logique exigerait le pluriel, mais le voisinage de un entraîne le singulier :
Plus d'un élève **a** commis cette erreur (singulier obligatoire).

2. Dans le cas de l'alternance **c'est, ce sont, suivie d'un pluriel :** l'invariabilité de c'est + pronom pluriel tend à devenir la règle :
c'est nous, c'est vous, c'est eux, c'est elles, ce n'est pas eux qui...

Pourtant le français écrit préfère encore souvent : ce sont eux, ce sont elles...

Ce sont + nom pluriel reste en principe obligatoire : ce ne sont pas des nuages, ce sont des montagnes...
encore qu'on trouve : c'est des montagnes chez de bons écrivains !

2 Le participe présent

Il reste toujours invariable : les enfants trembl**ant** (qui tremblent) de peur.

Mais une difficulté vient de ce que l'**adjectif verbal,** qui a souvent la même orthographe que le participe, s'accorde en genre et en nombre, comme tout adjectif, avec le substantif auquel il se rapporte : les enfants trembl**ants** (effrayés, terrorisés).

Il faut donc apprendre à distinguer, par l'analyse, **un participe présent** d'un **adjectif verbal.** Pratiquement, le participe présent peut être remplacé par un verbe précédé de **qui,** tandis que l'adjectif verbal peut être remplacé par **un adjectif équivalent.**

Dans les cas douteux, l'Arrêté ministériel de 1901 tolère les deux solutions.

3 L'accord du participe passé

a) Les cas sans problème

1. Le participe passé est employé sans auxiliaire

Le participe passé-adjectif **s'accorde** comme un simple adjectif, en **genre** et en **nombre,** avec le **substantif** auquel il se rapporte : les fillettes effray**ées,** etc.

Les seuls participes passés sans auxiliaire qui posent un **petit problème** sont les participes excepté, vu, supposé, ainsi que les participes entrant dans les locutions courantes : ci-joint, ci-inclus, étant donné, non compris, (y) compris.

Pratiquement, ces participes restent **invariables** quand ils sont placés **avant** le mot ou le groupe de mots auxquels ils se rapportent : tous furent massacrés, excepté les petits enfants. Vous trouverez ci-joint deux timbres pour la réponse. Tous, y compris les femmes, participèrent au combat. Étant donné les circonstances..., etc.

Les participes et les locutions ci-dessus qui sont placés **après** le mot ou le groupe de mots auxquels ils se rapportent **s'accordent** générale-ment à la façon de véritables adjectifs : les petits enfants except**és,** les deux timbres ci-join**ts**..., etc. La règle que nous donnons ici est légèrement approximative, en ce sens qu'elle ne rend pas compte de tous les usages (en particulier dans le cas de ci-inclus et de ci-joint). Mais elle est simple et elle vous permet pratiquement d'utiliser de façon acceptable tous les participes passés (ou locutions participiales) concernés.

2. Le participe passé est employé avec le verbe être

Comme attribut, c'est-à-dire comme exprimant une qualité, une manière d'être qu'on reconnaît appartenir à la personne ou à la chose qui est le sujet du verbe **être** ou d'un autre verbe dit **attributif** (paraître, sembler, devenir, vivre, rester, se nommer, mourir, retrouver, passer pour, avoir l'air, etc.).

Le participe passé s'**accorde** alors en genre et en nombre **avec le sujet :** Elles ont été bien étonn**ées** (ont été est le passé composé de être).
Ils semblaient tout à fait effray**és,** etc.

Au passif ou **à l'actif** (**être** étant alors un **auxiliaire**).
Dans les deux cas, le participe passé **s'accorde** en genre et en nombre **avec le sujet :** Elles ne sont pas aim**ées** (présent passif).
Ils ont été batt**us** (passé composé passif).
Elles ne sont pas ven**ues** (passé composé actif de venir).

Pour l'accord au singulier avec le « nous de modestie » et le « vous de politesse », voir p. 8.

b) Les cas difficiles

1. Le participe passé est employé avec l'auxiliaire avoir (forme active)

L'accord dépend de la **position,** dans la phrase, par rapport au participe, **du complément d'objet direct** du verbe dont le participe fait partie.

■ Qu'est-ce qu'un complément d'objet direct ?

a) Le **complément d'objet** correspond, dit-on en général, à la personne, à l'animal ou à la chose (concrète ou abstraite) sur lesquels s'exerce l'action exprimée par le verbe :
J'aime **mes amis,** je caresse **mon chien,** je parle **à mon père.**

Cette définition un peu vague convient à la fois aux compléments d'objet directs et indirects.

Lorsqu'un verbe peut avoir un complément d'objet, il est dit **transitif.** S'il peut avoir **un complément d'objet direct,** c'est un **transitif direct** (ex. aimer on dit j'aime mon chien) ; s'il n'admet qu'**un complément d'objet indirect,** c'est un **transitif indirect** (ex. parler : on dit je parle **à** mon chien). Si le verbe ne peut avoir **aucun complément d'objet** ni direct, ni indirect, il est dit **intransitif** (ex. dormir, mourir, etc.).

b) Le **complément d'objet direct** peut être défini beaucoup plus précisément :

Il est construit directement, **sans préposition :** Je trouve **la solution.**
Le complément d'objet direct **(c.o.d.)** est le mot ou le groupe de mots **qui devient sujet du verbe quand on renverse la construction active en construction passive :**
Je dirige **cette entreprise : cette entreprise** est dirigée par moi.

Dans Le rôti pèse deux kilos et coûte 125 francs, ce renversement au passif ne peut avoir lieu, remarque la grammaire Larousse : deux kilos sont pesés par le rôti ! deux kilos et 125 francs, qui répondent d'ailleurs à la question combien ? ne sont donc pas des c.o.d.

c) Les compléments d'objet directs peuvent être n'importe quoi :
Je **vous** aime (pronom), j'aime **chanter** (infinitif), je veux **que vous chantiez** (proposition), etc.

d) Pratiquement, on trouvera le complément d'objet direct en posant la question qui ou quoi après le verbe :
Je dirige **quoi ?** cette entreprise.

Remarque :

Le complément d'object **indirect** (qui n'a aucune influence sur l'accord du participe) a, par rapport au verbe, la même fonction (cf. **a**) que le complément d'objet direct (ce qui le distingue des compléments dits **circonstanciels**). Mais il est toujours introduit par une préposition (ex. Je parle **à** mes enfants ; je parle **de** la guerre). Il paraît donc facile de reconnaître les cas où le complément d'objet est **indirect**. Toutefois une difficulté se présente à propos des pronoms personnels compléments préposés au verbe.

Dans des formes comme : je **te** parle, je **lui** donne, etc., les pronoms personnels me, te, lui, nous, vous, leur (de même que les adverbes personnels en et y) sont évidemment de construction directe, puisqu'ils ne sont pas précédés d'une préposition. Ce sont évidemment aussi des compléments d'objet. Néanmoins, ils ne correspondent pas à ce qu'on appelle couramment complément d'objet direct. La preuve, c'est qu'on ne peut pas retourner au passif une phrase comme : je te parle, de telle manière que le complément te devienne sujet. Le te de : je te parle correspond à un complément d'objet indirect (**à toi**). Il faut donc analyser soigneusement de tels pronoms.

Soit par exemple les deux phrases :
a) Jacqueline, je **te** parle ; b) Jacqueline, je **te** vois.

Dans la phrase a), te est complément d'objet **indirect** (je parle à toi) et donc sans influence sur l'accord du participe dans un temps composé (Jacqueline, je t'ai parlé).

Dans la phrase b), te est complément d'objet **direct** (on peut dire au passif : tu es vue par moi) et joue donc, dans l'accord du participe, le rôle que nous indiquons ci-dessous : Jacqueline, je t'ai **vue.**

■ Règle

Quand il y a l'auxiliaire **avoir,** le **participe passé s'accorde en genre et en nombre avec son complément d'objet direct, si celui-ci est placé avant lui**[1] :

Je **les** ai **vus** l'autre jour (pronom personnel c.o.d.)
Les personnes **que** j'ai **vues...** (pronom relatif c.o.d.)
Lesquels as-tu **choisis** ? (pronom interrogatif c.o.d.)
Quelle folie il a **faite** ! (adjectif exclamatif + nom c.o.d.).

En conséquence, **le participe passé reste invariable :**

☆ Si le complément d'objet direct est placé après lui : J'ai déjà **vu ces personnes-là** quelque part.

☆ S'il n'y a pas de complément d'objet direct : J'ai déjà **choisi** pour vous (pas de c.o.d.). Je leur ai **parlé** (leur = à eux = c.o.ind.).

---

1. Dans les temps surcomposés (rares dans la langue écrite, voir tableau 6), on n'accorde que le 2e participe :
J'avais beaucoup d'affaires : je suis parti quand je les ai **eu** terminées.

■ Cas particuliers

☆ **Elle est plus intelligente que je ne l'avais cru.** Ici, **l'** ne représente pas elle, mais cela (qu'elle était intelligente) ; **l'** étant neutre, le participe passé reste évidemment **invariable.**

☆ Le cas de coûter, valoir et peser.

Au sens où leur complément répond à la question combien ? ces verbes ne peuvent pas avoir de c.o.d. : le participe reste donc **invariable.** Les **3 000 francs que ce meuble m'a coûté** (Académie) (question combien ?).
Dans les autres sens, ces verbes peuvent avoir un c.o.d. : le participe s'accorde donc avec ce dernier s'il est situé avant : **Tous les soucis que** cette entreprise nous a coûtés (question quoi ?).

☆ Un problème du même ordre pourra être soulevé par vivre et courir.

Le participe ne s'accordera avec le complément placé avant lui que si ce complément est réellement un c.o.d. **Les dangers que nous avons courus...** (nous avons couru des dangers). **Les deux heures que nous avons couru...** (nous avons couru pendant deux heures).

2. L'accord du participe passé dans les verbes pronominaux (auxiliaire être)

La façon de faire l'accord dépend de la sorte de verbe pronominal auquel on a affaire. Il existe en effet quatre catégories de pronominaux, et ceux de la première catégorie (réfléchis ou réciproques) suivent une règle différente de celle qui convient aux trois autres.

■ Premier cas : verbe de la première catégorie, celle des accidentellement pronominaux réfléchis ou réciproques (types se laver et se battre)

a) Comment définir et reconnaître ces verbes ?

Ces verbes sont « accidentellement » pronominaux puisqu'ils existent aussi à la forme active.
Certains de ces verbes sont appelés en outre **réfléchis,** parce que l'action faite par le sujet « se réfléchit », s'exerce sur lui-même (**elle** s'est lavée).
Les autres verbes de cette catégorie sont appelés **réciproques,** parce que l'action va de l'un à l'autre des partenaires **A** et **B** ou des uns aux autres, chacun d'entre eux étant successivement sujet et objet (**ils se** sont battus).
Pratiquement, si on peut ajouter lui-même (elle-même, eux-mêmes, etc.) au pronominal, il s'agit d'un réfléchi. Mais si on doit ajouter au pronominal l'un l'autre (l'une l'autre, les unes les autres) il s'agit d'un réciproque.

Notez bien que ces réfléchis et ces réciproques peuvent être tournés avec avoir. *Elle a lavé elle-même. *Ils ont battu l'un l'autre. Cette transformation permet de mieux comprendre que **le 2ᵉ pronom** (me, te, se, etc.) est **analysable :** il est **c.o.d.** (elle s'est lavée = *elle a lavé elle-même) ou **c.o.ind.** (elle s'est nui = elle a nui à elle-même).

A vrai dire, cette transformation s'opère au prix d'une incorrection! les formes incorrectes sont marquées d'un astérisque (*).

b) La règle d'accord

Les verbes de cette catégorie suivent **exactement les mêmes règles** que les verbes actifs qui ont l'auxiliaire **avoir** aux temps composés (c'est-à-dire ceux qui sont étudiés en b/1, p. 24). En conséquence : **s'il y a un complément d'objet direct avant le participe passé, le participe passé devra s'accorder avec ce c.o.d. en genre et en nombre :**

a) Elle **s'est** lav**ée** (*elle a lavé elle-même : se = c.o.d.) réfléchi.

b) Elles **se** sont batt**ues** (*elles ont battu l'une l'autre) réciproque.

c) La guitare **qu'**il s'est fabriqu**ée** (qu'il a fabriquée pour lui-même) réfléchi.

d) Les devoirs **qu'ils se** sont corrig**és** (*qu'ils ont corrigés l'un à l'autre) réciproque.

e) Les privilèges **qu'ils se** sont arrog**és** (que représente le c.o.d. privilèges) réfléchi.

Remarquez que le c.o.d. peut être soit intérieur au pronominal (ex. a et b), soit extérieur (ex. c, d, e). Il est intérieur s'il s'agit du 2ᵉ pronom personnel (me, te, se, etc.) du pronominal. Il est extérieur s'il s'agit d'un autre mot (en général un pronom relatif représentant un c.o.d.).

S'arroger (s'attribuer injustement) est essentiellement pronominal et appartient donc à la quatrième catégorie, p. 28c) (*arroger n'existe pas), mais c'est le seul de cette catégorie qui puisse avoir un c.o.d. (*Il a arrogé des privilèges à lui-même). Il s'accorde donc comme un réfléchi.

En revanche, **le participe passé reste invariable :**

☆ Si le complément d'objet direct est placé après lui :

Elle s'est lav**é les mains** (*elle a lavé les mains à elle-même) réfléchi.
Ils se sont batt**u les flancs** pour trouver une idée (les flancs = c.o.d.) réfléchi.
Ils se sont corrig**é des devoirs** (se = l'un à l'autre : c.o.ind.) réciproque.
Ils se sont arrog**é des privilèges** (se = à eux-mêmes : c.o.ind.) réfléchi.

☆ S'il n'y a pas de complément d'objet direct :

Ils se sont nu**i** (ils ont nui à eux-mêmes, se = c.o.ind.) réfléchi.
Mes amis, vous êtes-vous demand**é**... (vous = à vous-mêmes) réfléchi.
Elles se sont pl**u** (se = l'une à l'autre, les unes aux autres) réciproque.
Les événements se sont succéd**é** (ont succédé les uns aux autres) réciproque.

■ Deuxième cas : verbe pronominal

a) de la deuxième catégorie

Les accidentellement pronominaux **irréfléchis à sens spécial** (type **s'attendre** à quelque chose). Ces verbes sont **accidentellement pronomi- naux** puisqu'ils existent aussi à la forme active (attendre quelqu'un). Ils sont appelés **irréfléchis,** puisqu'ils ne sont ni réfléchis ni réciproques, contraire- ment à ceux de la 1re catégorie. Ils ont **un sens spécial,** puisque s'attendre à n'équivaut absolument pas à attendre soi, mais signifie à peu près prévoir (il s'attend à être renvoyé = il prévoit qu'il sera renvoyé prochainement).

b) de la troisième catégorie

Les accidentellement pronominaux **irréfléchis à sens passif** (type : les fruits **se vendent** bien). Ce sont encore des accidentellement pronominaux puisqu'ils existent aussi à la forme active (vendre des fruits). Ils sont évidemment irréfléchis : les fruits ne se vendent pas eux-mêmes. Enfin se vendent a ici un sens spécial qui est **passif : les fruits sont vendus** facilement.

Naturellement dans une phrase comme : **ils se sont vendus** aux ennemis de leur pays, **se** est analysable (*ils ont vendu eux-mêmes à l'ennemi) : il est c.o.d. et la tournure est réfléchie.

c) de la quatrième catégorie

Les **essentiellement pronominaux** (type s'abstenir). On appelle les verbes de cette catégorie essentiellement pronominaux parce qu'ils n'existent qu'à la forme pronominale : *abstenir sans s' n'existe pas !

Les essentiellement pronominaux ne peuvent donc pas avoir de c.o.d. intérieur (me, te, se, etc. ne sont jamais c.o.d. du reste du verbe). Ils n'ont pas non plus de c.o.d. extérieur puisqu'on construit toujours le complément avec une préposition : **ils se sont abstenus de quelque chose.** Un seul essentiellement pronominal : s'arroger peut avoir un c.o.d. extérieur (voir p. 27).

Les verbes de ces trois catégories ont **des caractères communs** qui les distinguent de la première catégorie et **permettent de les reconnaître.**

☆ On ne peut jamais leur substituer une tournure équivalente avec avoir : 2e catégorie : **Ils se sont attendus au pire** ne peut être remplacé par *ils ont attendu eux-mêmes au pire.
3e catégorie : **Des maisons se sont construites en ce lieu** ne peut être remplacé par *des maisons ont construit elles-mêmes.
4e catégorie : **Ils se sont abstenus aux élections** ne peut être remplacé par *ils ont abstenu eux-mêmes aux élections.

☆ Le pronom me, te, se, nous, vous, en contact avec le verbe, n'est ni un c.o.d. ni un c.o.ind. : il est inséparable du verbe auquel il est aggluti né pour ainsi dire, ce qui le rend **totalement inanalysable.**

Règle unique d'accord

Pour les verbes de ces trois catégories, le participe passé **s'accorde toujours** en genre et en nombre **avec le sujet du verbe :**
Elle ne se serait jamais attendue à cela (catégorie 2 : irréfléchi à sens spécial).
Elles se sont aperçues de leur erreur (catégorie 2 : s'apercevoir, prendre conscience).
Les voitures se sont bien vendues cet été (catégorie 3 : irréfléchi à sens passif).
Cette pièce s'est jouée pendant six mois (catégorie 3 : s'est jouée, a été jouée).
Ils se sont abstenus aux élections (catégorie 4 : essentiellement pronominal).
Elles se sont absentées sans autorisation (catégorie 4 : se est une sorte de particule inséparable du verbe *absenter qui n'existe pas sans elle).

Les règles que nous avons étudiées vous permettront de faire tous les accords du participe à la forme pronominale de façon satisfaisante.
Il restera quelques cas douteux dont discutent les grammairiens : ils se sont persuadés que... ou ils se sont persuadé que... ? Nous vous conseillons la première solution qui est la plus naturelle et la plus simple.

Il restera aussi quelques exceptions bizarres. Ainsi dans la phrase : elles se sont ri de nous et elles se sont plu à nous taquiner, se rire et se plaire sont des irréfléchis à sens spécial (catégorie 2 des pronominaux qui devraient s'accorder selon la règle ci-dessus). Or l'usage les laisse en principe invariables !
Ce sont bien des irréfléchis puisque elles se sont plu à n'équivaut pas à *elles ont plu à elles-mêmes à ! Ces irréfléchis ont bien un sens spécial, puisque se plaire à signifie : prendre du plaisir à, s'amuser à. Les 4 verbes : se plaire à (se complaire à), se déplaire à, se rire de, ont ainsi leur participe passé invariable à la forme pronominale, contrairement à la règle qui nous dit de les faire accorder avec leur sujet. C'est qu'ils correspondent à des transitifs indirects (plaire, déplaire à, rire de) dont le participe, construit avec avoir est toujours invariable.

c) Quelques cas particuliers

1. Le participe passé d'un verbe impersonnel

Il reste **toujours invariable.**
Il a **plu** pendant huit jours. Il est **arrivé** une chose extraordinaire. Les difficultés qu'il y a **eu.** Les chaleurs qu'il a **fait,** etc.

2. Le participe passé suivi d'un infinitif

Le participe passé construit avec **avoir** ou le participe passé des pronominaux de la 1re catégorie (cf. p. 26), qui, construit avec **être,** suit les mêmes règles, lorsqu'il est suivi d'un infinitif (que cet infinitif soit précédé ou non d'une préposition, qu'il soit exprimé ou qu'il ne le soit pas) **peut toujours rester invariable** (arrêté ministériel du 26 février 1901).
Cette petite fille que j'ai entendu gronder par son père...
Cette femme que j'ai entendu gronder son enfant...

Les fruits que je me suis laissé prendre...
Je lui ai donné tous les conseils que j'ai **pu** (sous-entendu : lui donner).

Quand le participe fait est suivi d'un infinitif, le participe doit toujours rester invariable.
La robe que j'ai **fait** faire...

3. Le participe passé est précédé de en

Sur ce point l'usage hésite, mais il est toujours permis de laisser **invariable** le participe passé précédé de **en,** complément d'objet.
J'attendais des lettres et j'**en** ai effectivement reçu trois.
J'aime les roses et j'**en** ai planté dans mon jardin.
Des lettres, combien **en** as-tu écrit ?

Mais on écrira : les nouvelles **que j'en** ai reçues sont bonnes ; car **en** n'est pas le c.o.d. du verbe.
Les nouvelles **que** étant c.o.d. placé avant le participe, l'accord est actuellement obligatoire en vertu de la règle donnée p. 25.

Les règles de ce chapitre vous permettront de faire tous les accords envisageables. Dans les quelques cas que nous n'avons pas examinés, l'accord reste libre : un des hommes les plus intelligents que j'aie jamais rencontrés (ou rencontré).

5/Difficultés d'orthographe

La prononciation du groupe pronom verbe, ou verbe pronom, obéit souvent au désir d'éviter tantôt l'élision de certaines finales morphologiquement utiles, tantôt des hiatus ou des rencontres de consonnes. Ce double souci laisse des traces dans quelques particularités de l'orthographe.

1 Les élisions

Pour éviter l'hiatus devant l'initiale vocalique d'un verbe, on élide, et dans l'orthographe, on remplace par une apostrophe : **e** dans le pronom sujet **je : j'**ignore ; **e** et **a** dans les pronoms compléments **le, la :** je l'entends, je l'écoute, elle.

2 Les inversions

Lorsque le pronom sujet est placé après le verbe (surtout dans une tournure interrogative), **il, elle,** et **on** sont toujours précédés du son **t** dans la prononciation, que cela corresponde à la finale du verbe (vient-il?), ou à l'assourdissement d'une dentale sonore non prononcée normalement (coud-elle?), ou qu'il s'agisse d'un son que les grammairiens appellent **latent,** c'est-à-dire qui intervient dans la prononciation, naturellement, à seule fin d'éviter un hiatus. Dans ce dernier cas, cela se traduit **dans la graphie,** lorsque le verbe se termine par une voyelle, par l'adjonction d'un **t** devant **il, elle, on :** aime-**t-il**? aima-**t-elle**? aimera-**t-il**? elle est jolie, aussi la courtise-**t-on.**

Lorsqu'un verbe, à la première personne du singulier du présent de l'indicatif, se termine par **e** devant **je** inversé, cet **e** se prononce **e ouvert** [ɛ], et, dans la graphie, s'écrit avec un accent aigu : aimé-je? cueillé-je?

Lorsque, **à l'impératif, en** et **y** sont placés immédiatement après un verbe, un son [ʒ] se prononce dans tous les cas. Si ce son ne correspond pas à un **s** ou un **z** final dans la terminaison du verbe (comme ceux qu'on trouve dans venons-y ; finissez-en ; prends-en), il s'agit d'un son **latent** qui se traduit, dans la graphie, par l'adjonction d'un **s** aux formes verbales qui, normalement, à la 2e personne du singulier de l'impératif se terminent par un **a** (verbe aller : va) ou un **e** (verbes du groupe 1 et quelques autres verbes du groupe 3 signalés tableau 3, notes 7 et 5) : parles-en, penses-y ; souffres-en ; vas-y ; veuilles-en ; saches-en.

Les tableaux de conjugaison

■ Tableaux généraux

1. Verbe **être**
2. Verbe **avoir**
3. Les terminaisons écrites des verbes
4. Voix pronominale : **se trouver**
5. Voix passive : **être aimé**
6. Formes surcomposées

■ Groupe 1 ou premier groupe en -er

7. **aimer**
8. placer
9. manger
10. apprécier
11. créer
12. céder
13. assiéger
14. lever
15. geler
16. appeler
17. acheter
18. jeter
19. payer
20. essuyer
21. employer
22. envoyer

■ Groupe 2 ou deuxième groupe en -ir (-issons)

23. **finir**
24. haïr

■ Groupe 3 ou troisième groupe

Verbes en -ir (-ons) **3/1** tableaux 26-39.
Verbes en -oir **3/2** tableaux 40-54.
Verbes en -re **3/3** tableaux 55-84.
Le verbe très irrégulier **aller** est conjugué dans le tableau 25.

■ Signes et abréviations

Les numéros **en bleu** sont les numéros des tableaux auxquels renvoient ceux du lexique.

Les formes **en bleu** sont celles qui donnent lieu aux fautes les plus nombreuses.

Les formes **en italique** sont celles qui sont rares ou assez rares.

Les formes **précédées d'un astérisque (*)** sont très familières ou incorrectes.

Les formes **entre crochets** sont en orthographe phonétique : [sede] = céder.

t = transitif direct.   **ti** = transitif indirect.
i = intransitif.

Les formes en bleu seront naturellement révisées avec un soin particulier.

33

1/Le verbe être

■ **Être** n'est pas auxiliaire, mais verbe attributif dans je suis fier, par exemple.

■ **Être** est auxiliaire :

a) dans toutes les formes passives ;

b) dans toutes les formes pronominales ;

c) dans quelques verbes intransitifs qui sont suivis, dans le lexique, du signe ê (voir p. 16). Les verbes qui prennent tantôt **être,** tantôt **avoir** sont suivis, dans le lexique, du signe ê ?.

* *Attention !*

(1) **été** (contrairement à **eu**) est toujours invariable : la petite fille que j'ai été autrefois.

INDICATIF

Présent		**Passé composé**		
je	suis	j'	ai	été
tu	es	tu	as	été
il	est	il	a	été
ns	sommes	ns	avons	été
vs	êtes	vs	avez	été
ils	sont	ils	ont	été

Imparfait		**Plus-que-parfait**		
j'	étais	j'	avais	été
tu	étais	tu	avais	été
il	était	il	avait	été
ns	étions	ns	avions	été
vs	étiez	vs	aviez	été
ils	étaient	ils	avaient	été

Passé simple		**Passé antérieur**		
je	fus	j'	eus	été
tu	fus	tu	eus	été
il	fut	il	eut	été
ns	fûmes	ns	eûmes	été
vs	fûtes	vs	eûtes	été
ils	furent	ils	eurent	été

Futur		**Futur antérieur**		
je	serai	j'	aurai	été
tu	seras	tu	auras	été
il	sera	il	aura	été
ns	serons	ns	aurons	été
vs	serez	vs	aurez	été
ils	seront	ils	auront	été

SUBJONCTIF

Présent		
que	je	sois
que	tu	sois
qu'	il	soit
que	ns	soyons
que	vs	soyez
qu'	ils	soient

Imparfait		
que	je	fusse
que	tu	fusses
qu'	il	fût
que	ns	fussions
que	vs	fussiez
qu'	ils	fussent

Passé			
que	j'	aie	été
que	tu	aies	été
qu'	il	ait	été
que	ns	ayons	été
que	vs	ayez	été
qu'	ils	aient	été

Plus-que-parfait			
que	j'	eusse	été
que	tu	eusses	été
qu'	il	eût	été
que	ns	eussions	été
que	vs	eussiez	été
qu'	ils	eussent	été

CONDITIONNEL

Présent		**Passé 1re forme**			**Passé 2e forme**		
je	serais	j'	aurais	été	j'	eusse	été
tu	serais	tu	aurais	été	tu	eusses	été
il	serait	il	aurait	été	il	eût	été
ns	serions	ns	aurions	été	ns	eussions	été
vs	seriez	vs	auriez	été	vs	eussiez	été
ils	seraient	ils	auraient	été	ils	eussent	été

IMPÉRATIF

Présent	**Passé**
sois, soyons, soyez	aie été, ayons été, ayez été

INFINITIF

Présent	**Passé**
être	avoir été

PARTICIPE

Présent	**Passé**
étant	été (1)
	ayant été

2/Le verbe avoir

■ **Avoir** sert d'auxiliaire pour le verbe **être** (j'ai été, etc.) et pour les verbes à l'actif, excepté quelques intransitifs (voir p. 16).

■ Les verbes suivis du signe **ê?** dans le lexique ont tantôt **avoir,** tantôt **être.**

* *Attention !*

(1) Ce qui est particulièrement difficile ici, c'est que les 3 premières personnes du singulier du subjonctif de **avoir** mélangent les terminaisons du groupe 1 (**-e, -es**) et une terminaison des groupes 2 ou 3 (**-t**).

INDICATIF

Présent

j'	ai
tu	as
il	a
ns	avons
vs	avez
ils	ont

Passé composé

j'	ai	eu
tu	as	eu
il	a	eu
ns	avons	eu
vs	avez	eu
ils	ont	eu

Imparfait

j'	avais
tu	avais
il	avait
ns	avions
vs	aviez
ils	avaient

Plus-que-parfait

j'	avais	eu
tu	avais	eu
il	avait	eu
ns	avions	eu
vs	aviez	eu
ils	avaient	eu

Passé simple

j'	eus
tu	eus
il	eut
ns	eûmes
vs	eûtes
ils	eurent

Passé antérieur

j'	eus	eu
tu	eus	eu
il	eut	eu
ns	eûmes	eu
vs	eûtes	eu
ils	eurent	eu

Futur

j'	aurai
tu	auras
il	aura
ns	aurons
vs	aurez
ils	auront

Futur antérieur

j'	aurai	eu
tu	auras	eu
il	aura	eu
ns	aurons	eu
vs	aurez	eu
ils	auront	eu

SUBJONCTIF

Présent

que	j'	aie (1)
que	tu	aies (1)
qu'	il	ait (1)
que	ns	ayons
que	vs	ayez
qu'	ils	aient

Imparfait

que	j'	eusse
que	tu	eusses
qu'	il	eût
que	ns	eussions
que	vs	eussiez
qu'	ils	eussent

Passé

que	j'	aie	eu
que	tu	aies	eu
qu'	il	ait	eu
que	ns	ayons	eu
que	vs	ayez	eu
qu'	ils	aient	eu

Plus-que-parfait

que	j'	eusse	eu
que	tu	eusses	eu
qu'	il	eût	eu
que	ns	eussions	eu
que	vs	eussiez	eu
qu'	ils	eussent	eu

CONDITIONNEL

Présent

j'	aurais
tu	aurais
il	aurait
ns	aurions
vs	auriez
ils	auraient

Passé 1re forme

j'	aurais	eu
tu	aurais	eu
il	aurait	eu
ns	aurions	eu
vs	auriez	eu
ils	auraient	eu

Passé 2e forme

j'	eusse	eu
tu	eusses	eu
il	eût	eu
ns	eussions	eu
vs	eussiez	eu
ils	eussent	eu

IMPÉRATIF

Présent

aie, ayons, ayez

Passé

aie eu, ayons eu, ayez eu

INFINITIF

Présent

avoir

Passé

avoir eu

PARTICIPE

Présent

ayant

Passé

eu, eue
ayant eu

3/Les terminaisons des trois groupes de verbes

1. A la forme interrogative sans **est-ce que,** devant **je** inversé, la terminaison **-e** s'écrit **é** : aimé-je? (cf. p. 31).

2. Terminaison **-x** dans : je, tu peux ; tu veux ; je, tu vaux.

3. Terminaison **-d** dans les verbes en **-dre** (sauf ceux en **-indre** et **-soudre,** qui ont un **-t**). Notez bien aussi la terminaison **-pt** dans : il rompt et les verbes de cette famille. Remarquez enfin le **-c** de il vainc.

4. Terminaison **-ont** dans : ils sont, ils ont, ils vont, ils font.

5. Certains verbes ayant leur radical terminé par une semi-voyelle [j] : cueill-ir, assaill-ir, ou par deux consonnes prononcées : couvr-ir, souffr-ir, ne peuvent pas être suivis d'une désinence consonantique, et prennent alors les désinences vocaliques du groupe 1 : je cueille, etc. ; je couvre, etc.

6. Mais on a aussi je tins, etc., je vins, etc. Le subjonctif imparfait étant toujours formé sur le passé simple, on aura donc : que je tinsse, vinsse, etc.

7. Les verbes du groupe 3 qui prennent à l'impératif les terminaisons du groupe 1 sont ceux qui ont été signalés dans la note 5. Il y a en outre : aie, sache et veuille, de **avoir, savoir** et **vouloir.**

	GR. I	GR. II	GR. III (irrégul.)	GR. I	GR. II	GR. III (irrégul.)
Indicatif présent				**Subjonctif présent**		
S1	-e (1)	-is	-s (2) -e (5)	-e	-isse	-e
S2	-es	-is	-s (2) -es (5)	-es	-isses	-es
S3	-e	-it	-t (3) -e (5)	-e	-isse	-e
P1	-ons	-issons	-ons	-ions	-issions	-ions
P2	-ez	-issez	-ez	-iez	-issiez	-iez
P3	-ent	-issent	-ent (-nt) (4)	-ent	-issent	-ent
Indicatif imparfait				**Subjonctif imparfait**		
S1	-ais	-issais	-ais	-asse	-isse	-isse (6) -usse (6)
S2	-ais	-issais	-ais	-asses	-isses	-isses -usses
S3	-ait	-issait	-ait	-ât	-ît	-ît -ût
P1	-ions	-issions	-ions	-assions	-issions	-issions -ussions
P2	-iez	-issiez	-iez	-assiez	-issiez	-issiez -ussiez
P3	-aient	-issaient	-aient	-assent	-issent	-issent -ussent
Indicatif passé simple				**Impératif présent**		
S1	-ai	-is	-is (6) -us (6)	-	-	-
S2	-as	-is	-is -us	-e	-is	-s -e (7)
S3	-a	-it	-it -ut	-	-	-
P1	-âmes	-îmes	-îmes -ûmes	-ons	-issons	-ons
P2	-âtes	-îtes	-îtes -ûtes	-ez	-issez	-ez
P3	-èrent	-irent	-irent -urent	-	-	-
Indicatif futur simple				**Conditionnel présent**		
S1	-erai	-irai	-rai	-erais	-irais	-rais
S2	-eras	-iras	-ras	-erais	-irais	-rais
S3	-era	-ira	-ra	-erait	-irait	rait
P1	-erons	-irons	-rons	-erions	-irions	-rions
P2	-erez	-irez	-rez	-eriez	-iriez	-riez
P3	-eront	-iront	-ront	-eraient	-iraient	-raient
Infinitif présent						
	-er	-ir	-ir, -oir -re			
Participe présent				**Participe passé**		
	-ant	-issant	-ant	-é	-i	-i (-is, -it) ; -u (-us) -t ; -s ; etc.

4/La conjugaison de la voix pronominale : se trouver

Le participe passé des verbes pronominaux s'accorde fréquemment, mais pas toujours avec le sujet.
On trouvera les règles d'accord aux pages 26 à 29.

INDICATIF

Présent

je me trouve
tu te trouves
il se trouve
ns ns trouvons
vs vs trouvez
ils se trouvent

Passé composé

je me suis trouvé
tu t' es trouvé
il s' est trouvé
ns ns sommes trouvés
vs vs êtes trouvés
ils se sont trouvés

Imparfait

je me trouvais
tu te trouvais
il se trouvait
ns ns trouvions
vs vs trouviez
ils se trouvaient

Plus-que-parfait

je m' étais trouvé
tu t' étais trouvé
il s' était trouvé
ns ns étions trouvés
vs vs étiez trouvés
ils s' étaient trouvés

Passé simple

je me trouvai
tu te trouvas
il se trouva
ns ns trouvâmes
vs vs trouvâtes
ils se trouvèrent

Passé antérieur

je me fus trouvé
tu te fus trouvé
il se fut trouvé
ns ns fûmes trouvés
vs vs fûtes trouvés
ils se furent trouvés

Futur

je me trouverai
tu te trouveras
il se trouvera
ns ns trouverons
vs vs trouverez
ils se trouveront

Futur antérieur

je me serai trouvé
tu te seras trouvé
il se sera trouvé
ns ns serons trouvés
vs vs serez trouvés
ils se seront trouvés

SUBJONCTIF

Présent

que je me trouve
que tu te trouves
qu' il se trouve
que ns ns trouvions
que vs vs trouviez
qu' ils se trouvent

Imparfait

que je me trouvasse
que tu te trouvasses
qu' il se trouvât
que ns ns trouvassions
que vs vs trouvassiez
qu' ils se trouvassent

Passé

que je me sois trouvé
que tu te sois trouvé
qu' il se soit trouvé
que ns ns soyons trouvés
que vs vs soyez trouvés
qu' ils se soient trouvés

Plus-que-parfait

que je me fusse trouvé
que tu te fusses trouvé
qu' il se fût trouvé
que ns ns fussions trouvés
que vs vs fussiez trouvés
qu' ils se fussent trouvés

CONDITIONNEL

Présent

je me trouverais
tu te trouverais
il se trouverait
ns ns trouverions
vs vs trouveriez
ils se trouveraient

Passé 1re forme

je me serais trouvé
tu te serais trouvé
il se serait trouvé
ns ns serions trouvés
vs vs seriez trouvés
ils se seraient trouvés

Passé 2e forme

je me fusse trouvé
tu te fusses trouvé
il se fût trouvé
ns ns fussions trouvés
vs vs fussiez trouvés
ils se fussent trouvés

IMPÉRATIF

Présent
trouve-toi, trouvons-nous, trouvez-vous

Passé
(inusité)

INFINITIF

Présent
se trouver

Passé
s'**être** trouvé

PARTICIPE

Présent
se trouvant

Passé
s'**étant** trouvé

5/Être aimé : conjugaison type de la voix passive

A la voix passive, l'auxiliaire est toujours **être,** et le participe passé s'accorde toujours avec le sujet du verbe (cf. p. 16) : Elles sont aimées, elles ont été aimées.

INDICATIF

Présent		**Passé composé**	
je suis	aimé	j' ai	été aimé
tu es	aimé	tu as	été aimé
il est	aimé	il a	été aimé
ns sommes	aimé s	ns avons	été aimés
vs êtes	aimé s	vs avez	été aimés
ils sont	aimé s	ils ont	été aimés

Imparfait		**Plus-que-parfait**	
j' étais	aimé	j' avais	été aimé
tu étais	aimé	tu avais	été aimé
il était	aimé	il avait	été aimé
ns étions	aimés	ns avions	été aimés
vs étiez	aimés	vs aviez	été aimés
ils étaient	aimés	ils avaient	été aimés

Passé simple		**Passé antérieur**	
je fus	aimé	j' eus	été aimé
tu fus	aimé	tu eus	été aimé
il fut	aimé	il eut	été aimé
ns fûmes	aimés	ns eûmes	été aimés
vs fûtes	aimés	vs eûtes	été aimés
ils furent	aimés	ils eurent	été aimés

Futur		**Futur antérieur**	
je serai	aimé	j' aurai	été aimé
tu seras	aimé	tu auras	été aimé
il sera	aimé	il aura	été aimé
ns serons	aimés	ns aurons	été aimés
vs serez	aimés	vs aurez	été aimés
ils seront	aimés	ils auront	été aimés

SUBJONCTIF

Présent	
que je sois	aimé
que tu sois	aimé
qu' il soit	aimé
que ns soyons	aimés
que vs soyez	aimés
qu' ils soient	aimés

Imparfait	
que je fusse	aimé
que tu fusses	aimé
qu' il fût	aimé
que ns fussions	aimés
que vs fussiez	aimés
qu' ils fussent	aimés

Passé		
q.j' aie	été aimé
q.tu aies	été aimé
q.il ait	été aimé
q.ns ayons	été aimés
q.vs ayez	été aimés
q.ils aient	été aimés

Plus-que-parfait		
q.j' eusse	été aimé
q.tu eusses	été aimé
q.il eût	été aimé
q.ns eussions	été aimés
q.vs eussiez	été aimés
q.ils eussent	été aimés

CONDITIONNEL

Présent		**Passé 1re forme**		**Passé 2e forme**	
je serais	aimé	j' aurais	été aimé	j' eusse	été aimé
tu serais	aimé	tu aurais	été aimé	tu eusses	été aimé
il serait	aimé	il aurait	été aimé	il eût	été aimé
ns serions	aimés	ns aurions	été aimés	ns eussions	été aimés
vs seriez	aimés	vs auriez	été aimés	vs eussiez	été aimés
ils seraient	aimés	ils auraient	été aimés	ils eussent	été aimés

IMPÉRATIF

Présent

sois aimé, soyons aimés, soyez aimés

Passé

(inusité)

INFINITIF

Présent	**Passé**
être aimé(s)	avoir été aimé(s)

PARTICIPE

Présent	**Passé**
étant aimé(s)	aimé(s)
	ayant été aimé(s)

6/ Les formes surcomposées

1. Tant que le passé simple est resté bien vivant, on a pu marquer couramment **l'antériorité** par **le passé antérieur :** quand **j'eus fini** mon travail, **j'allai** voir mon ami. Mais à partir du moment où le **passé simple** j'allai **a été remplacé par le passé composé** je suis allé, le passé antérieur a dépéri à son tour. On a eu alors le choix entre deux autres tournures, en plus du passé antérieur qui a subsisté, en particulier dans la langue écrite.

a) On peut employer le passé composé dans la subordonnée et dans la principale, l'antériorité étant suffisamment marquée par le contexte : quand **j'ai fini** mon travail, je suis allé voir mon ami.

b) Mais on peut également exprimer l'antériorité par un temps spécial qui est le temps surcomposé : quand **j'ai eu fini** mon travail, je suis allé voir mon ami.

2. Un **temps surcomposé** est un temps composé dont l'auxiliaire est lui-même composé. Nous avons déjà rencontré des formes surcomposées dans le tableau 5 passif ; en effet, quand on tourne au passif une forme active qui est déjà composée, cette forme devient surcomposée :
j'ai aimé actif → j'ai été aimé passif.
j'avais aimé actif → j'avais été aimé passif.
Les formes surcomposées du passif font partie de la conjugaison normale de cette voix.

3. Les formes surcomposées de l'actif, en revanche, apparaissent surtout dans la langue parlée et ne sont pas toujours possibles. Utilisez-les donc avec précaution, et évitez-les tant que vous ne vous sentirez pas très sûrs de vous.
Les plus utilisées sont les suivantes :

indicatif	passé surcomposé	j'ai eu fini, etc.
	plus-que-parfait	j'avais eu fini, etc.
	futur antérieur	j'aurai eu fini, etc.
conditionnel	passé	j'aurais eu fini, etc.
subjonctif	passé	que j'aie eu fini, etc.

Nous avons pris comme verbe type **finir,** dont les formes surcomposées sont plus fréquemment employées que celles de **aimer.**

★ *Attention !*
Il y a bien des verbes dont les formes surcomposées sont ou tout à fait ou presque inusitées.

La conjugaison absolument régulière

7/Les verbes en -er : aimer

Le verbe le plus fréquent du groupe 1 est **donner.** Nous conservons néanmoins le verbe traditionnel **aimer,** fort employé lui aussi.

* *Attention !*

Certains verbes de forme active en **-er** diffèrent du verbe type **aimer** par l'emploi de l'auxiliaire **être :** Je suis arrivé passé composé, j'étais arrivé, dès qu'il fut arrivé, etc. Pour les formes de l'auxiliaire **être,** reportez-vous au tableau 25 : aller. Les verbes actifs qui prennent **être** sont signalés dans le lexique par ê.

7

AIMER

INDICATIF

Présent

j'	aim e
tu	aim es
il	aim e
ns	aim ons
vs	aim ez
ils	aim ent

Imparfait

j'	aim ais
tu	aim ais
il	aim ait
ns	aim ions
vs	aim iez
ils	aim aient

Passé simple

j'	aim ai
tu	aim as
il	aim a
ns	aim âmes
vs	aim âtes
ils	aim èrent

Futur

j'	aim erai
tu	aim eras
il	aim era
ns	aim erons
vs	aim erez
ils	aim eront

Passé composé

j'	ai	aimé
tu	as	aimé
il	a	aimé
ns	avons	aimé
vs	avez	aimé
ils	ont	aimé

Plus-que-parfait

j'	avais	aimé
tu	avais	aimé
il	avait	aimé
ns	avions	aimé
vs	aviez	aimé
ils	avaient	aimé

Passé antérieur

j'	eus	aimé
tu	eus	aimé
il	eut	aimé
ns	eûmes	aimé
vs	eûtes	aimé
ils	eurent	aimé

Futur antérieur

j'	aurai	aimé
tu	auras	aimé
il	aura	aimé
ns	aurons	aimé
vs	aurez	aimé
ils	auront	aimé

SUBJONCTIF

Présent

que	j'	aim e
que	tu	aim es
qu'	il	aim e
que	ns	aim ions
que	vs	aim iez
qu'	ils	aim ent

Imparfait

que	j'	aim asse
que	tu	aim asses
qu'	il	aim ât
que	ns	aim assions
que	vs	aim assiez
qu'	ils	aim assent

Passé

que	j'	aie	aimé
que	tu	aies	aimé
qu'	il	ait	aimé
que	ns	ayons	aimé
que	vs	ayez	aimé
qu'	ils	aient	aimé

Plus-que-parfait

que	j'	eusse	aimé
que	tu	eusses	aimé
qu'	il	eût	aimé
que	ns	eussions	aimé
que	vs	eussiez	aimé
qu'	ils	eussent	aimé

CONDITIONNEL

Présent

j'	aimerais
tu	aimerais
il	aimerait
ns	aimerions
vs	aimeriez
ils	aimeraient

Passé 1re forme

j'	aurais	aimé
tu	aurais	aimé
il	aurait	aimé
ns	aurions	aimé
vs	auriez	aimé
ils	auraient	aimé

Passé 2e forme

j'	eusse	aimé
tu	eusses	aimé
il	eût	aimé
ns	eussions	aimé
vs	eussiez	aimé
ils	eussent	aimé

IMPÉRATIF

Présent

aim e, aim ons, aim ez

Passé

aie (ayons, ayez) aimé

INFINITIF

Présent

aimer

Passé

avoir aimé

PARTICIPE

Présent

aim ant

Passé

aim é, ée
ayant aimé

Une particularité : ç- devant **a** et **o**

8/Les verbes en -cer : placer

Les verbes en **-cer** utilisent **ç** (**c** cédille) devant les voyelles **a** et **o**, plaçons, plaçais, etc., afin de conserver au **c** le son (doux) [s]. Ils obéissent à une règle phonétique et orthographique générale qui veut que devant **a, o** et **u**, **c** prenne la cédille (**ç**) pour garder la prononciation [s]. Les verbes en **-cer** sont donc en réalité **tout à fait réguliers** et ce tableau est destiné uniquement aux étourdis qui risqueraient d'oublier la cédille.

INDICATIF					

Présent

je	plac	e
tu	plac	es
il	plac	e
ns	plaç	ons
vs	plac	ez
ils	plac	ent

Passé composé

j'	ai	placé
tu	as	placé
il	a	placé
ns	avons	placé
vs	avez	placé
ils	ont	placé

Imparfait

je	plaç	ais
tu	plaç	ais
il	plaç	ait
ns	plac	ions
vs	plac	iez
ils	plaç	aient

Plus-que-parfait

j'	avais	placé
tu	avais	placé
il	avait	placé
ns	avions	placé
vs	aviez	placé
ils	avaient	placé

Passé simple

je	plaç	ai
tu	plaç	as
il	plaç	a
ns	plaç	âmes
vs	plaç	âtes
ils	plac	èrent

Passé antérieur

j'	eus	placé
tu	eus	placé
il	eut	placé
ns	eûmes	placé
vs	eûtes	placé
ils	eurent	placé

Futur simple

je	plac	erai
tu	plac	eras
il	plac	era
ns	plac	erons
vs	plac	erez
ils	plac	eront

Futur antérieur

j'	aurai	placé
tu	auras	placé
il	aura	placé
ns	aurons	placé
vs	aurez	placé
ils	auront	placé

SUBJONCTIF		

Présent

que je	plac	e
que tu	plac	es
qu' il	plac	e
que ns	plac	ions
que vs	plac	iez
qu' ils	plac	ent

Imparfait

que je	plaç	asse
que tu	plaç	asses
qu' il	plaç	ât
que ns	plaç	assions
que vs	plaç	assiez
qu' ils	plaç	assent

Passé

que j'	aie	placé
que tu	aies	placé
qu' il	ait	placé
que ns	ayons	placé
que vs	ayez	placé
qu' ils	aient	placé

Plus-que-parfait

que j'	eusse	placé
que tu	eusses	placé
qu' il	eût	placé
que ns	eussions	placé
que vs	eussiez	placé
qu' ils	eussent	placé

CONDITIONNEL			

Présent

je	plac	erais
tu	plac	erais
il	plac	erait
ns	plac	erions
vs	plac	eriez
ils	plac	eraient

Passé 1re forme

j'	aurais	placé
tu	aurais	placé
il	aurait	placé
ns	aurions	placé
vs	auriez	placé
ils	auraient	placé

Passé 2e forme

j'	eusse	placé
tu	eusses	placé
il	eût	placé
ns	eussions	placé
vs	eussiez	placé
ils	eussent	placé

IMPÉRATIF	

Présent

place, **plaçons**, placez

Passé

aie placé, ayons placé, ayez placé

INFINITIF		PARTICIPE	

Présent

plac   er

Passé

avoir placé

Présent

plaç ant

Passé

placé, ée
ayant placé

Une particularité : **ge-** devant **a** et **o**

9/Les verbes en -ger : manger

Les verbes en **-ger** conservent le **e** après le **g** devant les voyelles **a** et **o,** mangeais, mangeons, etc., afin de maintenir le son (doux) du **g** [ʒ]. Ils obéissent ainsi à une règle phonétique et orthographique générale. Ils sont donc **tout à fait réguliers.** Ce tableau vous aidera simplement à éviter une étourderie.

MANGER

INDICATIF

Présent			**Passé composé**		
je	mang	e	j'	ai	mangé
tu	mang	es	tu	as	mangé
il	mang	e	il	a	mangé
ns	mang	eons	ns	avons	mangé
vs	mang	ez	vs	avez	mangé
ils	mang	ent	ils	ont	mangé

Imparfait			**Plus-que-parfait**		
je	mang	eais	j'	avais	mangé
tu	mang	eais	tu	avais	mangé
il	mang	eait	il	avait	mangé
ns	mang	ions	ns	avions	mangé
vs	mang	iez	vs	aviez	mangé
ils	mang	eaient	ils	avaient	mangé

Passé simple			**Passé antérieur**		
je	mang	eai	j'	eus	mangé
tu	mang	eas	tu	eus	mangé
il	mang	ea	il	eut	mangé
ns	mang	eâmes	ns	eûmes	mangé
vs	mang	eâtes	vs	eûtes	mangé
ils	mang	èrent	ils	eurent	mangé

Futur simple			**Futur antérieur**		
je	mang	erai	j'	aurai	mangé
tu	mang	eras	tu	auras	mangé
il	mang	era	il	aura	mangé
ns	mang	erons	ns	aurons	mangé
vs	mang	erez	vs	aurez	mangé
ils	mang	eront	ils	auront	mangé

SUBJONCTIF

Présent			
que je	mang	e	
que tu	mang	es	
qu' il	mang	e	
que ns	mang	ions	
que vs	mang	iez	
qu' ils	mang	ent	

Imparfait			
que je	*mang*	*easse*	
que tu	*mang*	*easses*	
qu' il	**mang**	**eât**	
que ns	*mang*	*eassions*	
que vs	*mang*	*eassiez*	
qu' ils	*mang*	*eassent*	

Passé		
que j'	aie	mangé
que tu	aies	mangé
qu' il	ait	mangé
que ns	ayons	mangé
que vs	ayez	mangé
qu' ils	aient	mangé

Plus-que-parfait		
que j'	*eusse*	*mangé*
que tu	*eusses*	*mangé*
qu' il	**eût**	*mangé*
que ns	*eussions*	*mangé*
que vs	*eussiez*	*mangé*
qu' ils	*eussent*	*mangé*

CONDITIONNEL

Présent			**Passé 1re forme**			**Passé 2e forme**		
je	mang	erais	j'	aurais	mangé	*j'*	*eusse*	*mangé*
tu	mang	erais	tu	aurais	mangé	*tu*	*eusses*	*mangé*
il	mang	erait	il	aurait	mangé	*il*	**eût**	*mangé*
ns	mang	erions	ns	aurions	mangé	*ns*	*eussions*	*mangé*
vs	mang	eriez	vs	auriez	mangé	*vs*	*eussiez*	*mangé*
ils	mang	eraient	ils	auraient	mangé	*ils*	*eussent*	*mangé*

IMPÉRATIF

Présent	**Passé**
mange, **mangeons** mangez	*aie mangé, ayons mangé, ayez mangé*

INFINITIF

Présent	**Passé**
manger	avoir mangé

PARTICIPE

Présent	**Passé**
mang eant	mang é, ée
	ayant mangé

Une particularité : la succesion de deux **i (ii)**

10/ Les verbes en -ier : apprécier

La succession de deux **i (ii)** aux 1re et 2e personnes du pluriel de l'imparfait de l'indicatif : **nous appréci-ions, vous appréci-iez** et du présent du subjonctif peut déconcerter. Mais cette succession provient de la rencontre du **-i-** final du radical **appréci-** avec le **i** initial de la terminaison **-ions** ou **-iez.** Elle est donc **parfaitement régulière.**

APPRÉCIER

INDICATIF

Présent

j' appréci e
tu appréci es
il appréci e
ns appréci ons
vs appréci ez
ils appréci ent

Imparfait

j' appréci ais
tu appréci ais
il appréci ait
ns appréci ions
vs appréci iez
ils appréci aient

Passé simple

j' appréci ai
tu appréci as
il appréci a
ns appréci âmes
vs appréci âtes
ils appréci èrent

Futur simple

j' appréci erai
tu appréci eras
il appréci era
ns appréci erons
vs appréci erez
ils appréci cront

Passé composé

j' ai apprécié
tu as apprécié
il a apprécié
ns avons apprécié
vs avez apprécié
ils ont apprécié

Plus-que-parfait

j' avais apprécié
tu avais apprécié
il avait apprécié
ns avions apprécié
vs aviez apprécié
ils avaient apprécié

Passé antérieur

j' eus apprécié
tu eus apprécié
il eut apprécié
ns eûmes apprécié
vs eûtes apprécié
ils eurent apprécié

Futur antérieur

j' aurai apprécié
tu auras apprécié
il aura apprécié
ns aurons apprécié
vs aurez apprécié
ils auront apprécié

SUBJONCTIF

Présent

que j' appréci e
que tu appréci es
qu' il appréci e
que ns appréci ions
que vs appréci iez
qu' ils appréci ent

Imparfait

que j' appréci asse
que tu appréci asses
qu' il appréci ât
que ns appréci assions
que vs appréci assiez
qu' ils appréci assent

Passé

que j' aie apprécié
que tu aies apprécié
qu' il ait apprécié
que ns ayons apprécié
que vs ayez apprécié
qu' ils aient apprécié

Plus-que-parfait

que j' eusse apprécié
que tu eusses apprécié
qu' il eût apprécié
que ns eussions apprécié
que vs eussiez apprécié
qu' ils eussent apprécié

CONDITIONNEL

Présent

j' appréci erais
tu appréci erais
il appréci erait
ns appréci erions
vs appréci eriez
ils appréci eraient

Passé 1re forme

j' aurais apprécié
tu aurais apprécié
il aurait apprécié
ns aurions apprécié
vs auriez apprécié
ils auraient apprécié

Passé 2e forme

j' eusse apprécié
tu eusses apprécié
il eût apprécié
ns eussions apprécié
vs eussiez apprécié
ils eussent apprécié

IMPÉRATIF

Présent

apprécie, apprécions, appréciez

Passé

aie apprécié, ayons apprécié, ayez apprécié

INFINITIF

Présent

apprécier

Passé

avoir apprécié

PARTICIPE

Présent

appréci ant

Passé

appréci é, ée
ayant apprécié

Une particularité : la succession de deux ou trois é ou e

11/Les verbes en -éer : créer

■ Dans les verbes en **-éer, le é reste toujours fermé,** même devant le **e** muet : je crée, je créerai, etc. Comparez avec le verbe type **céder** (tableau 12).

■ Vous pouvez être déconcerté au premier abord par la succession de deux **é** ou **e** : tu **crées,** ou même de trois (participe passé féminin) : **créée.** De même, nous **créions** ou vous **créiez** provoquent quelquefois des hésitations. Mais toutes ces formes résultent de la rencontre **régulière** du radical en **-é** avec les terminaisons.

CRÉER

INDICATIF

Présent		Passé composé		
je	cré e	j'	ai	créé
tu	cré es	tu	as	créé
il	cré e	il	a	créé
ns	cré ons	ns	avons	créé
vs	cré ez	vs	avez	créé
ils	cré ent	ils	ont	créé

Imparfait		Plus-que-parfait		
je	cré ais	j'	avais	créé
tu	cré ais	tu	avais	créé
il	cré ait	il	avait	créé
ns	cré ions	ns	avions	créé
vs	cré iez	vs	aviez	créé
ils	cré aient	ils	avaient	créé

Passé simple		Passé antérieur		
je	cré ai	j'	eus	créé
tu	cré as	tu	eus	créé
il	cré a	il	eut	créé
ns	cré âmes	ns	eûmes	créé
vs	cré âtes	vs	eûtes	créé
ils	cré èrent	ils	eurent	créé

Futur simple		Futur antérieur		
je	cré erai	j'	aurai	créé
tu	cré eras	tu	auras	créé
il	cré era	il	aura	créé
ns	cré erons	ns	aurons	créé
vs	cré erez	vs	aurez	créé
ils	cré eront	ils	auront	créé

SUBJONCTIF

Présent		
que	je	cré e
que	tu	cré es
qu'	il	cré e
que	ns	cré ions
que	vs	cré iez
qu'	ils	cré ent

Imparfait		
que	je	cré asse
que	tu	cré asses
qu'	il	cré ât
que	ns	cré assions
que	vs	cré assiez
qu'	ils	cré assent

Passé			
que	j'	aie	créé
que	tu	aies	créé
qu'	il	ait	créé
que	ns	ayons	créé
que	vs	ayez	créé
qu'	ils	aient	créé

Plus-que-parfait			
que	j'	eusse	créé
que	tu	eusses	créé
qu'	il	eût	créé
que	ns	eussions	créé
que	vs	eussiez	créé
qu'	ils	eussent	créé

CONDITIONNEL

Présent		Passé 1re forme			Passé 2e forme		
je	cré erais	j'	aurais	créé	j'	eusse	créé
tu	cré erais	tu	aurais	créé	tu	eusses	créé
il	cré erait	il	aurait	créé	il	eût	créé
ns	cré erions	ns	aurions	créé	ns	eussions	créé
vs	cré eriez	vs	auriez	créé	vs	eussiez	créé
ils	cré eraient	ils	auraient	créé	ils	eussent	créé

IMPÉRATIF

Présent	Passé
cré e, cré ons, cré ez	aie créé, ayons créé, ayez créé

INFINITIF

Présent	Passé
créer	avoir créé

PARTICIPE

Présent	Passé
cré ant	cré é, créée
	ayant créé

Une particularité : l'alternance **é/è**

12/Les verbes en -é(-)er : céder

Ces verbes sont **légèrement irréguliers.** Le **é** fermé [e] devient un **è**
ouvert [ɛ] devant une syllabe muette **finale** : je cède. Cette alternance **é/è**
correspond à une règle générale : le [e] qui est fermé dans une syllabe
phonétique ouverte [se de], s'ouvre et devient [ɛ] dans une syllabe
phonétique fermée [sɛd].
Rappelons qu'une syllabe fermée est terminée par une consonne, une
syllabe ouverte est terminée par une voyelle.

* ***Attention !***

(1) Le **é** de céderai et céderais tend à s'ouvrir en **è** par analogie avec je cède, etc., bien
que le **e** muet [ə] de la 2e syllabe se prononce, ce qui rend la 1re syllabe ouverte
[se də re].

INDICATIF					SUBJONCTIF		

Présent   **Passé composé**   **Présent**

je	cèd e	j'	ai	cédé	que	je	cèd e
tu	cèd es	tu	as	cédé	que	tu	cèd es
il	cèd e	il	a	cédé	qu'	il	cèd e
ns	céd ons	ns	avons	cédé	que	ns	céd ions
vs	céd ez	vs	avez	cédé	que	vs	céd iez
ils	cèd ent	ils	ont	cédé	qu'	ils	cèd ent

Imparfait   **Plus-que-parfait**   **Imparfait**

je	céd ais	j'	avais	cédé	que	je	céd asse
tu	céd ais	tu	avais	cédé	que	tu	céd asses
il	céd ait	il	avait	cédé	qu'	il	céd ât
ns	céd ions	ns	avions	cédé	que	ns	céd assions
vs	céd iez	vs	aviez	cédé	que	vs	céd assiez
ils	céd aient	ils	avaient	cédé	qu'	ils	céd assent

Passé simple   **Passé antérieur**   **Passé**

je	céd ai	j'	eus	cédé	que	j'	aie	cédé
tu	céd as	tu	eus	cédé	que	tu	aies	cédé
il	céd a	il	eut	cédé	qu'	il	ait	cédé
ns	céd âmes	ns	eûmes	cédé	que	ns	ayons	cédé
vs	céd âtes	vs	eûtes	cédé	que	vs	ayez	cédé
ils	céd èrent	ils	eurent	cédé	qu'	ils	aient	cédé

Futur simple   **Futur antérieur**   **Plus-que-parfait**

je	céd erai (1)	j'	aurai	cédé	que	j'	eusse	cédé
tu	céd eras	tu	auras	cédé	que	tu	eusses	cédé
il	céd era	il	aura	cédé	qu'	il	eût	cédé
ns	céd erons	ns	aurons	cédé	que	ns	eussions	cédé
vs	céd erez	vs	aurez	cédé	que	vs	eussiez	cédé
ils	céd eront	ils	auront	cédé	qu'	ils	eussent	cédé

CONDITIONNEL		

Présent   **Passé 1re forme**   **Passé 2e forme**

je	céd erais (1)	j'	aurais	cédé	j'	eusse	cédé
tu	céd erais	tu	aurais	cédé	tu	eusses	cédé
il	céd erait	il	aurait	cédé	il	eût	cédé
ns	céd erions	ns	aurions	cédé	ns	eussions	cédé
vs	céd eriez	vs	auriez	cédé	vs	eussiez	cédé
ils	céd eraient	ils	auraient	cédé	ils	eussent	cédé

IMPÉRATIF	

Présent   **Passé**

cèd e, céd ons, céd ez   aie cédé, ayons cédé, ayez cédé

INFINITIF		PARTICIPE	

Présent   **Passé**   **Présent**   **Passé**

céder   avoir cédé   céd ant   cédé, ée
                                                       ayant cédé

Deux particularités : a) **g** → **ge** devant **a** et **o**
　　　　　　　　　　b) **é** → **è** devant **e muet**

13/Les verbes en -éger : assiéger

■ Le maintien du **e** après le **g** devant les voyelles **a** et **o** est un simple moyen graphique destiné à conserver à **g** le son doux [ʒ] qu'il a dans le radical (tableau 9).

■ Le changement du **é** fermé du radical en **è** ouvert **devant e muet final** est commandé par la règle générale (tableau 12). En principe, le futur et le conditionnel gardent leur **é** : j'assiégerai, j'assiégerais.

INDICATIF

Présent

j'	assièg e	j'	ai	assiégé
tu	assièg es	tu	as	assiégé
il	assièg e	il	a	assiégé
ns	assiég eons	ns	avons	assiégé
vs	assiég ez	vs	avez	assiégé
ils	assièg ent	ils	ont	assiégé

Passé composé

Imparfait

j'	assiég eais	j'	avais	assiégé
tu	assiég eais	tu	avais	assiégé
il	assiég eait	il	avait	assiégé
ns	assiég ions	ns	avions	assiégé
vs	assiég iez	vs	aviez	assiégé
ils	assiég eaient	ils	avaient	assiégé

Plus-que-parfait

Passé simple

j'	assiég eai	j'	eus	assiégé
tu	assiég eas	tu	eus	assiégé
il	assiég ea	il	eut	assiégé
ns	assiég eâmes	ns	eûmes	assiégé
vs	assiég eâtes	vs	eûtes	assiégé
ils	assiég èrent	ils	eurent	assiégé

Passé antérieur

Futur simple

j'	assiég erai	j'	aurai	assiégé
tu	assiég eras	tu	auras	assiégé
il	assiég era	il	aura	assiégé
ns	assiég erons	ns	aurons	assiégé
vs	assiég erez	vs	aurez	assiégé
ils	assiég eront	ils	auront	assiégé

Futur antérieur

SUBJONCTIF

Présent

que	j'	assièg e
que	tu	assièg es
qu'	il	assièg e
que	ns	assiég ions
que	vs	assiég iez
qu'	ils	assièg ent

Imparfait

que	j'	assiég easse
que	tu	assiég easses
qu'	il	assiég eât
que	ns	assiég eassions
que	vs	assiég eassiez
qu'	ils	assiég eassent

Passé

que	j'	aie	assiégé
que	tu	aies	assiégé
qu'	il	ait	assiégé
que	ns	ayons	assiégé
que	vs	ayez	assiégé
qu'	ils	aient	assiégé

Plus-que-parfait

que	j'	eusse	assiégé
que	tu	eusses	assiégé
qu'	il	eût	assiégé
que	ns	eussions	assiégé
que	vs	eussiez	assiégé
qu'	ils	eussent	assiégé

CONDITIONNEL

Présent

j'	assiég erais	j'	aurais	assiégé
tu	assiég erais	tu	aurais	assiégé
il	assiég erait	il	aurait	assiégé
ns	assiég erions	ns	aurions	assiégé
vs	assiég eriez	vs	auriez	assiégé
ils	assiég eraient	ils	auraient	assiégé

Passé 1re forme

Passé 2e forme

j'	eusse	assiégé
tu	eusses	assiégé
il	eût	assiégé
ns	eussions	assiégé
vs	eussiez	assiégé
ils	eussent	assiégé

IMPÉRATIF

Présent

assièg e, assièg eons, assiég ez

Passé

aie assiégé, ayons assiégé,
ayez assiégé

INFINITIF

Présent	Passé
assiéger	avoir assiégé

PARTICIPE

Présent	Passé
assiég eant	assiég é, ée
	ayant assiégé

Une particularité : le changement de **e** en **è** devant **e muet**

14/Les verbes en -e(-)er : lever

■ Il s'agit des verbes en **-ecer, -emer, -ener, -eser, -ever, -evrer. Lever** est le plus fréquent de tous. Pour les verbes en **-eler,** voir tableaux 15 et 16. Pour les verbes en **-eter,** voir tableaux 17 et 18.

■ Les verbes du type l**e**ver/l**è**ve sont **légèrement irréguliers** à cause de leur alternance vocalique **e-è** [ə-ɛ]. Ils changent toujours leur **e** muet du radical en **è ouvert devant une syllabe muette** : je l**è**ve, je l**è**verai.

INDICATIF

Présent		Passé composé		
je	lèv e	j'	ai	levé
tu	lèv es	tu	as	levé
il	lèv e	il	a	levé
ns	lev ons	ns	avons	levé
vs	lev ez	vs	avez	levé
ils	lèv ent	ils	ont	levé

Imparfait		Plus-que-parfait		
je	lev ais	j'	avais	levé
tu	lev ais	tu	avais	levé
il	lev ait	il	avait	levé
ns	lev ions	ns	avions	levé
vs	lev iez	vs	aviez	levé
ils	lev aient	ils	avaient	levé

Passé simple		Passé antérieur		
ie	lev ai	j'	eus	levé
tu	lev as	tu	eus	levé
il	lev a	il	eut	levé
ns	lev âmes	ns	eûmes	levé
vs	lev âtes	vs	eûtes	levé
ils	lev èrent	ils	eurent	levé

Futur simple		Futur antérieur		
je	lèv erai	j'	aurai	levé
tu	lèv eras	tu	auras	levé
il	lèv era	il	aura	levé
ns	lèv erons	ns	aurons	levé
vs	lèv erez	vs	aurez	levé
ils	lèv eront	ils	auront	levé

SUBJONCTIF

Présent		
que	je	lèv e
que	tu	lèv es
qu'	il	lèv e
que	ns	lev ions
que	vs	lev iez
qu'	ils	lèv ent

Imparfait		
que	je	lev asse
que	tu	lev asses
qu'	il	lev ât
que	ns	lev assions
que	vs	lev assiez
qu'	ils	lev assent

Passé			
que	j'	aie	levé
que	tu	aies	levé
qu'	il	ait	levé
que	ns	ayons	levé
que	vs	ayez	levé
qu'	ils	aient	levé

Plus-que-parfait			
que	j'	eusse	levé
que	tu	eusses	levé
qu'	il	eût	levé
que	ns	eussions	levé
que	vs	eussiez	levé
qu'	ils	eussent	levé

CONDITIONNEL

Présent		Passé 1re forme			Passé 2e forme		
je	lèv erais	j'	aurais	levé	j'	eusse	levé
tu	lèv erais	tu	aurais	levé	tu	eusses	levé
il	lèv erait	il	aurait	levé	il	eût	levé
ns	lèv erions	ns	aurions	levé	ns	eussions	levé
vs	lèv eriez	vs	auriez	levé	vs	eussiez	levé
ils	lèv eraient	ils	auraient	levé	ils	eussent	levé

IMPÉRATIF

Présent	Passé
lèv e, lev ons, lev ez	aie levé, ayons levé, ayez levé

INFINITIF

Présent	Passé
lever	avoir levé

PARTICIPE

Présent	Passé
lev ant	lev é, ée, ayant levé

Une particularité : le changement de **e** en **è** devant **e muet (je gèle)**

15/**Les verbes en -eler : 1.** geler

■ **Geler** est le plus utilisé des **quelques verbes** qui se conjuguent sur son modèle : celer, déceler, receler, ciseler, démanteler, écarteler, regeler, dégeler, congeler, surgeler, marteler, modeler, peler.

■ **Geler** se conjugue exactement comme **lever** (tableau 14) : il présente une légère irrégularité, à savoir le changement du **e** du radical en **è** devant **e muet** : je gèle, je gèlerai, etc.
Mais, **attention** : les autres verbes en **-eler** ne suivent pas le même type (voir tableau 16).

INDICATIF				SUBJONCTIF		
Présent		**Passé composé**		**Présent**		
je	gèl e	j'	ai	gelé	que je	gèl e
tu	gèl es	tu	as	gelé	que tu	gèl es
il	gèl e	il	a	gelé	qu' il	gèl e
ns	gel ons	ns	avons	gelé	que ns	gel ions
vs	gel ez	vs	avez	gelé	que vs	gel iez
ils	gèl ent	ils	ont	gelé	qu' ils	gè lent
Imparfait		**Plus-que-parfait**		**Imparfait**		
je	gel ais	j'	avais	gelé	que je	gel asse
tu	gel ais	tu	avais	gelé	que tu	gel asses
il	gel ait	il	avait	gelé	qu' il	gel ât
ns	gel ions	ns	avions	gelé	que ns	gel assions
vs	gel iez	vs	aviez	gelé	que vs	gel assiez
ils	gel aient	ils	avaient	gelé	qu' ils	gel assent
Passé simple		**Passé antérieur**		**Passé**		
je	gel ai	j'	eus	gelé	que j'	aie gelé
tu	gel as	tu	eus	gelé	que tu	aies gelé
il	gel a	il	eut	gelé	qu' il	ait gelé
ns	gel âmes	ns	eûmes	gelé	que ns	ayons gelé
vs	gel âtes	vs	eûtes	gelé	que vs	ayez gelé
ils	gel èrent	ils	eurent	gelé	qu' ils	aient gelé
Futur simple		**Futur antérieur**		**Plus-que-parfait**		
je	gèl erai	j'	aurai	gelé	que j'	eusse gelé
tu	gèl eras	tu	auras	gelé	que tu	eusses gelé
il	gèl era	il	aura	gelé	qu' il	eût gelé
ns	gèl erons	ns	aurons	gelé	que ns	eussions gelé
vs	gèl erez	vs	aurez	gelé	que vs	eussiez gelé
ils	gèl eront	ils	auront	gelé	qu' ils	eussent gelé

CONDITIONNEL					
Présent		**Passé 1re forme**		**Passé 2e forme**	
je	gèl erais	j'	aurais	gelé	j' eusse gelé
tu	gèl erais	tu	aurais	gelé	tu eusses gelé
il	gèl erait	il	aurait	gelé	il eût gelé
ns	gèl erions	ns	aurions	gelé	ns eussions gelé
vs	gèl eriez	vs	auriez	gelé	vs eussiez gelé
ils	gèl eraient	ils	auraient	gelé	ils eussent gelé

IMPÉRATIF	
Présent	**Passé**
gèl e, gel ons, gel ez	*aie gelé, ayons gelé, ayez gelé*

INFINITIF		PARTICIPE	
Présent	**Passé**	**Présent**	**Passé**
geler	avoir gelé	gel ant	gel é, ée, ayant gelé

Une particularité : le doublement du **l** devant **e muet (j'appelle)**

16/Les verbes en -eler : 2. appeler

■ Tous les verbes en **-eler** qui ne sont pas énumérés en tête du tableau 15 se conjuguent sur **appeler.**

■ Les verbes du type **appeler** doublent la consonne **l** devant un **e muet** : j'appelle, j'appellerai, etc. En réalité, la différence entre **appeler** et **geler** est purement **orthographique.** Phonétiquement, il y a, dans les deux cas, la même alternance **e-è** : [ʒǝle-ʒɛl], [apǝle-apɛl].

INDICATIF

Présent		Passé composé		
j'	appell e	j'	ai	appelé
tu	appell es	tu	as	appelé
il	appell e	il	a	appelé
ns	appel ons	ns	avons	appelé
vs	appel ez	vs	avez	appelé
ils	appell ent	ils	ont	appelé

Imparfait		Plus-que-parfait		
j'	appel ais	j'	avais	appelé
tu	appel ais	tu	avais	appelé
il	appel ait	il	avait	appelé
ns	appel ions	ns	avions	appelé
vs	appel iez	vs	aviez	appelé
ils	appel aient	ils	avaient	appelé

Passé simple		Passé antérieur		
j'	appel ai	j'	eus	appelé
tu	appel as	tu	eus	appelé
il	appel a	il	eut	appelé
ns	appel âmes	ns	eûmes	appelé
vs	appel âtes	vs	eûtes	appelé
ils	appel èrent	ils	eurent	appelé

Futur simple		Futur antérieur		
j'	appell erai	j'	aurai	appelé
tu	appell eras	tu	auras	appelé
il	appell era	il	aura	appelé
ns	appell erons	ns	aurons	appelé
vs	appell erez	vs	aurez	appelé
ils	appell eront	ils	auront	appelé

SUBJONCTIF

Présent		
que	j'	appell e
que	tu	appell es
qu'	il	appell e
que	ns	appel ions
que	vs	appel iez
qu'	ils	appell ent

Imparfait		
que	j'	appel asse
que	tu	appel asses
qu'	il	appel ât
que	ns	appel assions
que	vs	appel assiez
qu'	ils	appel assent

Passé			
que	j'	aie	appelé
que	tu	aies	appelé
qu'	il	ait	appelé
que	ns	ayons	appelé
que	vs	ayez	appelé
qu'	ils	aient	appelé

Plus-que-parfait			
que	j'	eusse	appelé
que	tu	eusses	appelé
qu'	il	eût	appelé
que	ns	eussions	appelé
que	vs	eussiez	appelé
qu'	ils	eussent	appelé

CONDITIONNEL

Présent		Passé 1re forme			Passé 2e forme		
j'	appell erais	j'	aurais	appelé	j'	eusse	appelé
tu	appell erais	tu	aurais	appelé	tu	eusses	appelé
il	appell erait	il	aurait	appelé	il	eût	appelé
ns	appell erions	ns	aurions	appelé	ns	eussions	appelé
vs	appell eriez	vs	auriez	appelé	vs	eussiez	appelé
ils	appell eraient	ils	auraient	appelé	ils	eussent	appelé

IMPÉRATIF

Présent	Passé
appell e, appel ons, appel ez	aie appelé, ayons appelé, ayez appelé

INFINITIF

Présent	Passé
appeler	avoir appelé

PARTICIPE

Présent	Passé
appel ant	appel é, ée, ayant appelé

Une particularité : le changement de **e** en **è** devant **e muet (j'achète)**

17/ Les verbes en -eter : 1. acheter

■ **Acheter** est le plus utilisé des **quelques verbes** qui se conjuguent sur ce type : acheter, racheter, corseter, crocheter, fureter, haleter.

■ **Acheter** se conjugue exactement comme **lever** (tableau 14). Il présente la même légère irrégularité, à savoir le changement du **e** du radical en **è** devant un **e muet** : j'achète, j'achèterai, etc.

Mais, **attention** : les autres verbes en **-eter** ne suivent pas le même type (voir tableau 18).

INDICATIF

Présent		**Passé composé**	
j'	**achèt e**	j'	ai	acheté
tu	achèt es	tu	as	acheté
il	achèt e	il	a	acheté
ns	**achet ons**	ns	avons	acheté
vs	achet ez	vs	avez	acheté
ils	achèt ent	ils	ont	acheté

Imparfait		**Plus-que-parfait**	
j'	**achet ais**	j'	avais	acheté
tu	achet ais	tu	avais	acheté
il	achet ait	il	avait	acheté
ns	achet ions	ns	avions	acheté
vs	achet iez	vs	aviez	acheté
ils	achet aient	ils	avaient	acheté

Passé simple		**Passé antérieur**	
j'	**achet ai**	j'	eus	acheté
tu	achet as	tu	eus	acheté
il	achet **a**	il	**eut**	acheté
ns	achet âmes	ns	eûmes	acheté
vs	achet âtes	vs	eûtes	acheté
ils	achet èrent	ils	eurent	acheté

Futur simple		**Futur antérieur**	
j'	**achèt erai**	j'	aurai	acheté
tu	achèt eras	tu	auras	acheté
il	achèt era	il	aura	acheté
ns	achèt erons	ns	aurons	acheté
vs	achèt erez	vs	aurez	acheté
ils	achèt eront	ils	auront	acheté

SUBJONCTIF

Présent		
que	j'	**achèt e**
que	tu	achèt es
qu'	il	achèt e
que	**ns**	**achet ions**
que	vs	achet iez
qu'	ils	achèt ent

Imparfait		
que	j'	achet asse
que	tu	achet asses
qu'	il	achet **ât**
que	ns	achet assions
que	vs	achet assiez
qu'	ils	achet assent

Passé			
que	j'	aie	acheté
que	tu	aies	acheté
qu'	il	ait	acheté
que	ns	ayons	acheté
que	vs	ayez	acheté
qu'	ils	aient	acheté

Plus-que-parfait			
que	j'	eusse	acheté
que	tu	eusses	acheté
qu'	il	**eût**	acheté
que	ns	eussions	acheté
que	vs	eussiez	acheté
qu'	ils	eussent	acheté

CONDITIONNEL

Présent		**Passé 1re forme**		**Passé 2e forme**	
j'	**achèt erais**	j'	aurais	acheté	j'	eusse	acheté
tu	achèt erais	tu	aurais	acheté	tu	eusses	acheté
il	achèt erait	il	aurait	acheté	il	**eût**	acheté
ns	achèt erions	ns	aurions	acheté	ns	eussions	acheté
vs	achèt eriez	vs	auriez	acheté	vs	eussiez	acheté
ils	achèt eraient	ils	auraient	acheté	ils	eussent	acheté

IMPÉRATIF

Présent	**Passé**
achèt e, achet ons, achet ez	aie acheté, ayons acheté, ayez acheté

INFINITIF

Présent	**Passé**
acheter	avoir acheté

PARTICIPE

Présent	**Passé**
achet ant	achet é, ée, ayant acheté

Une particularité : le doublement du **t** devant **e** muet **(je jette)**

18/ Les verbes en -eter : 2. jeter

■ Tous les verbes qui ne sont pas énumérés en tête du tableau 17 se conjuguent sur **jeter.**

■ Les verbes du type **jeter doublent la consonne t devant e muet** : je **jett**e, je **jett**erai, etc., pour marquer l'ouverture de la voyelle **e** qui précède. La différence entre je jette et j'achète est purement **orthographique.** Phonétiquement, **jeter** et **acheter** ont la même alternance **e-è** : [aʃəte], [aʃɛt]/ [ʒəte], [ʒɛt] (tableau 14).

INDICATIF

Présent		**Passé composé**		
je	jett e	j'	ai	jeté
tu	jett es	tu	as	jeté
il	jett e	il	a	jeté
ns	jet ons	ns	avons	jeté
vs	jet ez	vs	avez	jeté
ils	jett ent	ils	ont	jeté

Imparfait		**Plus-que-parfait**		
je	jet ais	j'	avais	jeté
tu	jet ais	tu	avais	jeté
il	jet ait	il	avait	jeté
ns	jet ions	ns	avions	jeté
vs	jet iez	vs	aviez	jeté
ils	jet aient	ils	avaient	jeté

Passé simple		**Passé antérieur**		
je	jet ai	j'	eus	jeté
tu	jet as	tu	eus	jeté
il	jet a	il	eut	jeté
ns	jet âmes	ns	eûmes	jeté
vs	jet âtes	vs	eûtes	jeté
ils	jet èrent	ils	eurent	jeté

Futur simple		**Futur antérieur**		
je	jett erai	j'	aurai	jeté
tu	jett eras	tu	auras	jeté
il	jett era	il	aura	jeté
ns	jett erons	ns	aurons	jeté
vs	jett erez	vs	aurez	jeté
ils	jett eront	ils	auront	jeté

SUBJONCTIF

Présent		
que	je	jett e
que	tu	jett es
qu'	il	jett e
que	ns	jet ions
que	vs	jet iez
qu'	ils	jett ent

Imparfait		
que	je	jet asse
que	tu	jet asses
qu'	il	jet ât
que	ns	jet assions
que	vs	jet assiez
qu'	ils	jet assent

Passé			
que	j'	aie	jeté
que	tu	aies	jeté
qu'	il	ait	jeté
que	ns	ayons	jeté
que	vs	ayez	jeté
qu'	ils	aient	jeté

Plus-que-parfait			
que	j'	eusse	jeté
que	tu	eusses	jeté
qu'	il	eût	jeté
que	ns	eussions	jeté
que	vs	eussiez	jeté
qu'	ils	eussent	jeté

CONDITIONNEL

Présent		**Passé 1ʳᵉ forme**			**Passé 2ᵉ forme**		
je	jett erais	j'	aurais	jeté	j'	eusse	jeté
tu	jett erais	tu	aurais	jeté	tu	eusses	jeté
il	jett erait	il	aurait	jeté	il	eût	jeté
ns	jett erions	ns	aurions	jeté	ns	eussions	jeté
vs	jett eriez	vs	auriez	jeté	vs	eussiez	jeté
ils	jett eraient	ils	auraient	jeté	ils	eussent	jeté

IMPÉRATIF

Présent	**Passé**
jett e, jet ons, jet ez	*aie jeté, ayons jeté, ayez jeté*

INFINITIF

Présent	**Passé**
jeter	avoir jeté

PARTICIPE

Présent	**Passé**
jet ant	jet é, ée ; ayant jeté

Une particularité : le changement facultatif de **y** en **i** devant **e muet**

19/Les verbes en -ayer : payer

Les verbes en **-ayer** peuvent :

1. soit conserver partout le **y** : je paye, tu payes, etc. ;

2. soit **remplacer le y par un i devant e muet** : je paie... je paierai... je paierais, etc. Cette solution, la plus fréquemment adoptée, est obligatoire pour les verbes en **-uyer** (tableau 20) et en **-oyer** (tableau 21).

PAYER

INDICATIF				SUBJONCTIF		
Présent		**Passé composé**		**Présent**		
je	pai e	j'	ai payé	que	je	pai e
tu	pai es	tu	as payé	que	tu	pai es
il	pai e	il	a payé	qu'	il	pai e
ns	pay ons	ns	avons payé	que	ns	pay ions
vs	pay ez	vs	avez payé	que	vs	pay iez
ils	pai ent	ils	ont payé	qu'	ils	pai ent
ou je pay e, etc.				*ou que je pay e, etc.*		
Imparfait		**Plus-que-parfait**		**Imparfait**		
je	pay ais	j'	avais payé	*que*	*je*	*pay asse*
tu	pay ais	tu	avais payé	*que*	*tu*	*pay asses*
il	payait	il	avait payé	*qu'*	*il*	*pay ât*
ns	pay ions	ns	avions payé	*que*	*ns*	*pay assions*
vs	pay iez	vs	aviez payé	*que*	*vs*	*pay assiez*
ils	pay aient	ils	avaient payé	*qu'*	*ils*	*pay assent*
Passé simple		**Passé antérieur**		**Passé**		
je	pay ai	j'	eus payé	que	j'	aie payé
tu	pay as	tu	eus payé	que	tu	aies payé
il	pay a	il	eut payé	qu'	il	ait payé
ns	pay âmes	ns	eûmes payé	que	ns	ayons payé
vs	pay âtes	vs	eûtes payé	que	vs	ayez payé
ils	pay èrent	ils	eurent payé	qu'	ils	aient payé
Futur simple		**Futur antérieur**		**Plus-que-Parfait**		
je	pai erai	j'	aurai payé	*que*	*j'*	*eusse payé*
tu	pai eras	tu	auras payé	*que*	*tu*	*eusses payé*
il	pai era	il	aura payé	*qu'*	*il*	*eût payé*
ns	pai erons	ns	aurons payé	*que*	*ns*	*eussions payé*
vs	pai erez	vs	aurez payé	*que*	*vs*	*eussiez payé*
ils	pai eront	ils	auront payé	*qu'*	*ils*	*eussent payé*
ou je pay erai, etc.						

CONDITIONNEL					
Présent		**Passé 1ʳᵉ forme**		**Passé 2ᵉ forme**	
je	pai erais	j'	aurais payé	*j'*	*eusse payé*
tu	pai erais	tu	aurais payé	*tu*	*eusses payé*
il	pai erait	il	aurait payé	*il*	*eût payé*
ns	pai erions	ns	aurions payé	*ns*	*eussions payé*
vs	pai eriez	vs	auriez payé	*vs*	*eussiez payé*
ils	pai eraient	ils	auraient payé	*ils*	*eussent payé*
ou je pay erais, etc.					

IMPÉRATIF	
Présent	**Passé**
pai e *(pay e)*, pay ons, pay ez	*aie payé, ayons payé, ayez payé*

INFINITIF		PARTICIPE	
Présent	**Passé**	**Présent**	**Passé**
payer	avoir payé	pay ant	payé, ée, ayant payé

GROUPE **1**

Une particularité : le changement obligatoire de **y** en **i** devant **e muet**

20/ Les verbes en -uyer : essuyer

Tous les verbes en **-uyer** changent le **y** du radical en **i** devant **e muet** :
j'essuie, tu essuies, il essuie, ils essuient, que j'essuie... j'essuierai... j'essuierais... essuie.

INDICATIF				SUBJONCTIF		

Présent

j'	essui e			que	j'	essui e
tu	essui es			que	tu	essui es
il	essui e			qu'	il	essui e
ns	essuy ons			que	ns	essuy ions
vs	essuy ez			que	vs	essuy iez
ils	essui ent			qu'	ils	essui ent

Passé composé

j'	ai	essuyé
tu	as	essuyé
il	a	essuyé
ns	avons	essuyé
vs	avez	essuyé
ils	ont	essuyé

Imparfait

j'	essuy ais
tu	essuy ais
il	essuy ait
ns	essuy ions
vs	essuy iez
ils	essuy aient

Plus-que-parfait

j'	avais	essuyé
tu	avais	essuyé
il	avait	essuyé
ns	avions	essuyé
vs	aviez	essuyé
ils	avaient	essuyé

Imparfait (Subjonctif)

que	j'	essuy asse
que	tu	essuy asses
qu'	il	essuy ât
que	ns	essuy assions
que	vs	essuy assiez
qu'	ils	essuy assent

Passé simple

j'	essuy ai
tu	essuy as
il	essuy a
ns	essuy âmes
vs	essuy âtes
ils	essuy èrent

Passé antérieur

j'	eus	essuyé
tu	eus	essuyé
il	eut	essuyé
ns	eûmes	essuyé
vs	eûtes	essuyé
ils	eurent	essuyé

Passé (Subjonctif)

que	j'	aie	essuyé
que	tu	aies	essuyé
qu'	il	ait	essuyé
que	ns	ayons	essuyé
que	vs	ayez	essuyé
qu'	ils	aient	essuyé

Futur simple

j'	essui erai
tu	essui eras
il	essui era
ns	essui erons
vs	essui erez
ils	essui eront

Futur antérieur

j'	aurai	essuyé
tu	auras	essuyé
il	aura	essuyé
ns	aurons	essuyé
vs	aurez	essuyé
ils	auront	essuyé

Plus-que-parfait (Subjonctif)

que	j'	eusse	essuyé
que	tu	eusses	essuyé
qu'	il	eût	essuyé
que	ns	eussions	essuyé
que	vs	eussiez	essuyé
qu'	ils	eussent	essuyé

CONDITIONNEL

Présent

j'	essui erais
tu	essui erais
il	essui erait
ns	essui erions
vs	essui eriez
ils	essui eraient

Passé 1re forme

j'	aurais	essuyé
tu	aurais	essuyé
il	aurait	essuyé
ns	aurions	essuyé
vs	auriez	essuyé
ils	auraient	essuyé

Passé 2e forme

j'	eusse	essuyé
tu	eusses	essuyé
il	eût	essuyé
ns	eussions	essuyé
vs	eussiez	essuyé
ils	eussent	essuyé

IMPÉRATIF

Présent

essui e, essuy ons, essuy ez

Passé

aie essuyé, ayons essuyé, ayez essuyé

INFINITIF

Présent | **Passé**

essuyer | avoir essuyé

PARTICIPE

Présent | **Passé**

essuy ant | essuy é, ée, ayant essuyé

Une particularité : le changement obligatoire de **y** en **i** devant **e muet**

21/Les verbes en -oyer : employer

■ Tous les verbes en **-oyer** changent le **y** du radical en **i** devant **e muet** : j'emploie, tu emploies, il emploie, ils emploient, que j'emploie..., j'emploierai..., j'emploierais..., emploie.
Employer est le plus utilisé de ces verbes.

■ Une seule exception : **envoyer** et **renvoyer** qui ont un futur et un conditionnel irréguliers (voir tableau 22).

INDICATIF					SUBJONCTIF		

INDICATIF

Présent		**Passé composé**			**Présent**		
j'	emploi e	j'	ai	employé	que	j'	emploi e
tu	emploi es	tu	as	employé	que	tu	emploi es
il	emploi e	il	a	employé	qu'	il	emploi e
ns	employ ons	ns	avons	employé	que	ns	employ ions
vs	employ ez	vs	avez	employé	que	vs	employ iez
ils	emploi ent	ils	ont	employé	qu'	ils	emploi ent

Imparfait		**Plus-que-parfait**			**Imparfait**		
j'	employ ais	j'	avais	employé	que	j'	employ asse
tu	employ ais	tu	avais	employé	que	tu	employ asses
il	employ ait	il	avait	employé	qu'	il	employ ât
ns	employ ions	ns	avions	employé	que	ns	employ assions
vs	employ iez	vs	aviez	employé	que	vs	employ assiez
ils	employ aient	ils	avaient	employé	qu'	ils	employ assent

Passé simple		**Passé antérieur**			**Passé**		
j'	employ ai	j'	eus	employé	que	j'	aie	employé
tu	employ as	tu	eus	employé	que	tu	aies	employé
il	employ a	il	eut	employé	qu'	il	ait	employé
ns	employ âmes	ns	eûmes	employé	que	ns	ayons	employé
vs	employ âtes	vs	eûtes	employé	que	vs	ayez	employé
ils	employ èrent	ils	eurent	employé	qu'	ils	aient	employé

Futur simple		**Futur antérieur**			**Plus-que-parfait**		
j'	emploi erai	j'	aurai	employé	que	j'	eusse	employé
tu	emploi eras	tu	auras	employé	que	tu	eusses	employé
il	emploi era	il	aura	employé	qu'	il	eût	employé
ns	emploi erons	ns	aurons	employé	que	ns	eussions	employé
vs	emploi erez	vs	aurez	employé	que	vs	eussiez	employé
ils	emploi eront	ils	auront	employé	qu'	ils	eussent	employé

CONDITIONNEL

Présent		**Passé 1ʳᵉ forme**			**Passé 2ᵉ forme**		
j'	emploi erais	j'	aurais	employé	j'	eusse	employé
tu	emploi erais	tu	aurais	employé	tu	eusses	employé
il	emploi erait	il	aurait	employé	il	eût	employé
ns	emploi erions	ns	aurions	employé	ns	eussions	employé
vs	emploi eriez	vs	auriez	employé	vs	eussiez	employé
ils	emploi eraient	ils	auraient	employé	ils	eussent	employé

IMPÉRATIF

Présent	**Passé**
emploi e, employ ons, employ ez	aie employé, ayons employé ayez employé

INFINITIF		PARTICIPE	
Présent	**Passé**	**Présent**	**Passé**
employer	avoir employé	employ ant	employ é, ée, ayant employé

Une particularité : un verbe en **-oyer** a un futur et un conditionnel irréguliers

22/Les verbes envoyer et renvoyer

Envoyer et **renvoyer** se conjuguent comme **employer** (tableau 21), sauf au futur et au conditionnel qui font : j'enverrai... et j'enverrais...

INDICATIF

Présent

j'	envoi e
tu	envoi es
il	envoi e
ns	envoy ons
vs	envoy ez
ils	envoi ent

Passé composé

j'	ai	envoyé
tu	as	envoyé
il	a	envoyé
ns	avons	envoyé
vs	avez	envoyé
ils	ont	envoyé

Imparfait

j'	envoy ais
tu	envoy ais
il	envoy ait
ns	envoy ions
vs	envoy iez
ils	envoy aient

Plus-que-parfait

j'	avais	envoyé
tu	avais	envoyé
il	avait	envoyé
ns	avions	envoyé
vs	aviez	envoyé
ils	avaient	envoyé

Passé simple

j'	envoy ai
tu	envoy as
il	envoy a
ns	envoy âmes
vs	envoy âtes
ils	envoy èrent

Passé antérieur

j'	eus	envoyé
tu	eus	envoyé
il	eut	envoyé
ns	eûmes	envoyé
vs	eûtes	envoyé
ils	eurent	envoyé

Futur simple

j'	enver rai
tu	enver ras
il	enver ra
ns	enver rons
vs	enver rez
ils	enver ront

Futur antérieur

j'	aurai	envoyé
tu	auras	envoyé
il	aura	envoyé
ns	aurons	envoyé
vs	aurez	envoyé
ils	auront	envoyé

SUBJONCTIF

Présent

que	j'	envoi e
que	tu	envoi es
qu'	il	envoi e
que	ns	envoy ions
que	vs	envoy iez
qu'	ils	envoi ent

Imparfait

que	j'	envoy asse
que	tu	envoy asses
qu'	il	envoy ât
que	ns	envoy assions
que	vs	envoy assiez
qu'	ils	envoy assent

Passé

que	j'	aie	envoyé
que	tu	aies	envoyé
qu'	il	ait	envoyé
que	ns	ayons	envoyé
que	vs	ayez	envoyé
qu'	ils	aient	envoyé

Plus-que-parfait

que	j'	eusse	envoyé
que	tu	eusses	envoyé
qu'	il	eût	envoyé
que	ns	eussions	envoyé
que	vs	eussiez	envoyé
qu'	ils	eussent	envoyé

CONDITIONNEL

Présent

j'	enver rais
tu	enver rais
il	enver rait
ns	enver rions
vs	enver riez
ils	enver raient

Passé 1re forme

j'	aurais	envoyé
tu	aurais	envoyé
il	aurait	envoyé
ns	aurions	envoyé
vs	auriez	envoyé
ils	auraient	envoyé

Passé 2e forme

j'	eusse	envoyé
tu	eusses	envoyé
il	eût	envoyé
ns	eussions	envoyé
vs	eussiez	envoyé
ils	eussent	envoyé

IMPÉRATIF

Présent

envoi e, envoy ons, envoy ez

Passé

aie envoyé, ayons envoyé
ayez envoyé

INFINITIF

Présent	**Passé**
envoyer	avoir envoyé

PARTICIPE

Présent	**Passé**
envoy ant	envoy é, ée
	ayant envoyé

La conjugaison absolument régulière : **finir**

23/Les verbes en -ir (-issant) : finir

FINIR

INDICATIF

Présent			**Passé composé**		
je	fin is		j'	ai	fini
tu	fin is		tu	as	fini
il	fin it		il	a	fini
ns	fin issons		ns	avons	fini
vs	fin issez		vs	avez	fini
ils	fin issent		ils	ont	fini

Imparfait			**Plus-que-parfait**		
je	fin issais		j'	avais	fini
tu	fin issais		tu	avais	fini
il	fin issait		il	avait	fini
ns	fin issions		ns	avions	fini
vs	fin issiez		vs	aviez	fini
ils	fin issaient		ils	avaient	fini

Passé simple			**Passé antérieur**		
je	fin is		j'	eus	fini
tu	fin is		tu	eus	fini
il	fin it		il	eut	fini
ns	fin îmes		ns	eûmes	fini
vs	fin îtes		vs	eûtes	fini
ils	fin irent		ils	eurent	fini

Futur simple			**Futur antérieur**		
je	fin irai		j'	aurai	fini
tu	fin iras		tu	auras	fini
il	fin ira		il	aura	fini
ns	fin irons		ns	aurons	fini
vs	fin irez		vs	aurez	fini
ils	fin iront		ils	auront	fini

SUBJONCTIF

Présent			
que	je	fin isse	
que	tu	fin isses	
qu'	il	fin isse	
que	ns	fin issions	
que	vs	fin issiez	
qu'	ils	fin issent	

Imparfait			
que	je	fin isse	
que	tu	fin isses	
qu'	il	fin ît	
que	ns	fin issions	
que	vs	fin issiez	
qu'	ils	fin issent	

Passé			
que	j'	aie	fini
que	tu	aies	fini
qu'	il	ait	fini
que	ns	ayons	fini
que	vs	ayez	fini
qu'	ils	aient	fini

Plus-que-parfait			
que	j'	eusse	fini
que	tu	eusses	fini
qu'	il	eût	fini
que	ns	eussions	fini
que	vs	eussiez	fini
qu'	ils	eussent	fini

CONDITIONNEL

Présent			**Passé 1re forme**			**Passé 2e forme**		
je	fin irais		j'	aurais	fini	j'	eusse	fini
tu	fin irais		tu	aurais	fini	tu	eusses	fini
il	fin irait		il	aurait	fini	il	eût	fini
ns	fin irions		ns	aurions	fini	ns	eussions	fini
vs	fin iriez		vs	auriez	fini	vs	eussiez	fini
ils	fin iraient		ils	auraient	fini	ils	eussent	fini

IMPÉRATIF

Présent	**Passé**
fin is, fin issons, fin issez	aie fini, ayons fini, ayez fini

INFINITIF

Présent	**Passé**
finir	avoir fini

PARTICIPE

Présent	**Passé**
fin issant	fini, ie, ayant fini

Une particularité : l'alternance **i** / **ï**

24/Le verbe haïr

■ **Haïr** prend partout le tréma, sauf dans : je hais, tu hais, il hait et hais !

■ Le tréma étant incompatible avec l'accent circonflexe, on a donc : nous haïmes et vous haïtes, passé simple, ainsi que : qu'il haït, subjonctif imparfait.

INDICATIF

Présent		Passé composé		
je	hai s	j'	ai	haï
tu	hai s	tu	as	haï
il	hai t	il	a	haï
ns	haï ssons	ns	avons	haï
vs	haï ssez	vs	avez	haï
ils	haï ssent	ils	ont	haï

Imparfait		Plus-que-parfait		
je	haïssais	j'	avais	haï
tu	haïssais	tu	avais	haï
il	haïssait	il	avait	haï
ns	haïssions	ns	avions	haï
vs	haïssiez	vs	aviez	haï
ils	haïssaient	ils	avaient	haï

Passé simple		Passé antérieur		
je	haïs	j'	eus	haï
tu	haïs	tu	eus	haï
il	haït	il	eut	haï
ns	haïmes	ns	eûmes	haï
vs	haïtes	vs	eûtes	haï
ils	haïrent	ils	eurent	haï

Futur simple		Futur antérieur		
je	haïrai	j'	aurai	haï
tu	haïras	tu	auras	haï
il	haïra	il	aura	haï
ns	haïrons	ns	aurons	haï
vs	haïrez	vs	aurez	haï
ils	haïront	ils	auront	haï

SUBJONCTIF

Présent		
que	je	haïsse
que	tu	haïsses
qu'	il	haïsse
que	ns	haïssions
que	vs	haïssiez
qu'	ils	haïssent

Imparfait		
que	je	haïsse
que	tu	haïsses
qu'	il	haït
que	ns	haïssions
que	vs	haïssiez
qu'	ils	haïssent

Passé			
que	j'	aie	haï
que	tu	aies	haï
qu'	il	ait	haï
que	ns	ayons	haï
que	vs	ayez	haï
qu'	ils	aient	haï

Plus-que-parfait			
que	j'	eusse	haï
que	tu	eusses	haï
qu'	il	eût	haï
que	ns	eussions	haï
que	vs	eussiez	haï
qu'	ils	eussent	haï

CONDITIONNEL

Présent		Passé 1re forme			Passé 2e forme		
je	haïrais	j'	aurais	haï	j'	eusse	haï
tu	haïrais	tu	aurais	haï	tu	eusses	haï
il	haïrait	il	aurait	haï	il	eût	haï
ns	haïrions	ns	aurions	haï	ns	eussions	haï
vs	haïriez	vs	auriez	haï	vs	eussiez	haï
ils	haïraient	ils	auraient	haï	ils	eussent	haï

IMPÉRATIF

Présent	Passé
hais, haïssons, haïssez	aie haï, ayons haï, ayez haï

INFINITIF

Présent	Passé
haïr	avoir haï

PARTICIPE

Présent	Passé
haïssant	haï, ïe, ayant haï

Un verbe en **-er** très irrégulier

25/Le verbe aller

■ Ce verbe est **un des plus fréquents** parmi les verbes irréguliers ; il vient en 2e position après **faire.**

■ C'est aussi **un des plus irréguliers.** Il a six radicaux : [vɛ, va, al, vɔ̃, ir, aj]. Attention ! l'auxiliaire est **être.**

■ A l'impératif, notez bien : vas-y ! en face de va ! **S'en aller** fait à l'impératif : va-t-en !, allons-nous-en !, allez-vous-en ! On évite généralement le passé composé : je m'en suis allé, etc., en tournant autrement, je suis parti, etc.

INDICATIF			SUBJONCTIF	

INDICATIF

Présent		**Passé composé**		
je	vais	je	suis	allé
tu	vas	tu	es	allé
il	va	il	est	allé
ns	allons	ns	sommes	allés
vs	allez	vs	êtes	allés
ils	vont	ils	sont	allés

Imparfait		**Plus-que-parfait**		
j'	allais	j'	étais	allé
tu	allais	tu	étais	allé
il	allait	il	était	allé
ns	allions	ns	étions	allés
vs	alliez	vs	étiez	allés
ils	allaient	ils	étaient	allés

Passé simple		**Passé antérieur**		
j'	allai	je	fus	allé
tu	allas	tu	fus	allé
il	alla	il	fut	allé
ns	allâmes	ns	fûmes	allés
vs	allâtes	vs	fûtes	allés
ils	allèrent	ils	furent	allés

Futur simple		**Futur antérieur**		
j'	irai	je	serai	allé
tu	iras	tu	seras	allé
il	ira	il	sera	allé
ns	irons	ns	serons	allés
vs	irez	vs	serez	allés
ils	iront	ils	seront	allés

SUBJONCTIF

Présent		
que	j'	aille
que	tu	ailles
qu'	il	aille
que	**ns**	**allions**
que	vs	alliez
qu'	ils	aillent

Imparfait		
que	j'	allasse
que	tu	allasses
qu'	**il**	**allât**
que	ns	allassions
que	vs	allassiez
qu'	ils	allassent

Passé			
que	je	sois	allé
que	tu	sois	allé
qu'	il	soit	allé
que	ns	soyons	allés
que	vs	soyez	allés
qu'	ils	soient	allés

Plus-que-parfait			
que	je	fusse	allé
que	tu	fusses	allé
qu'	il	fût	allé
que	ns	fussions	allés
que	vs	fussiez	allés
qu'	ils	fussent	allés

CONDITIONNEL

Présent		**Passé 1re forme**			**Passé 2e forme**		
j'	irais	je	serais	allé	je	fusse	allé
tu	irais	tu	serais	allé	tu	fusses	allé
il	irait	il	serait	allé	il	fût	allé
ns	irions	ns	serions	allés	ns	fussions	allés
vs	iriez	vs	seriez	allés	vs	fussiez	allés
ils	iraient	ils	seraient	allés	ils	fussent	allés

IMPÉRATIF

Présent	**Passé**
va, allons, allez	sois allé, soyons allés, soyez allés

INFINITIF

Présent	**Passé**
aller	**être allé**

PARTICIPE

Présent	**Passé**
allant	allé, ée, **étant** allé

Verbes irréguliers en **-ir**, participe en **-ant**

26/ Les verbes en -enir : tenir

Sur ce modèle (très fréquent) se conjuguent les très nombreux composés :

■ De **tenir** (1) : abstenir (s'), appartenir, contenir, détenir, entretenir, maintenir, obtenir, retenir, soutenir.

■ De **venir** (2) : advenir (3) circonvenir (2a), contrevenir (2b) convenir (4), devenir, disconvenir (5), intervenir, obvenir, parvenir, prévenir (2a), provenir (6), redevenir, ressouvenir (se), revenir, souvenir (se), subvenir (2b), survenir.

Remarques :

1. Vous tîntes est d'autant plus rare que sa prononciation évoque le verbe **tinter.** Mais vous vîntes se rencontre parfois dans la langue écrite.

2. Venir et ses composés ont l'auxiliaire **être,** sauf :

a) circonvenir et **prévenir,** qui, étant transitifs directs (cf. p. 24), se construisent normalement avec **avoir ;**

b) contrevenir et **subvenir,** qui, quoique étant transitifs indirects, ont l'auxiliaire **avoir.**

3. Advenir est utilisé seulement à l'infinitif et aux 3es personnes du singulier et du pluriel.

4. Convenir peut toujours prendre l'auxiliaire **avoir** (Grevisse) :

a) au sens de plaire : cette maison m'a convenu (Académie) ;

b) dans le sens de faire un accord : nous avions convenu d'un rendez-vous. Mais, dans ce cas, il vaut mieux suivre le conseil de l'Académie qui préfère : nous étions convenus, tour qui, bien qu'ayant un peu vieilli, est seul de très bonne langue.

5. Disconvenir, peu employé, garde toujours, à la différence de **convenir,** l'auxiliaire **être :** il n'en est pas disconvenu (Robert).

6. Provenir est assez peu employé aux formes composées.

INDICATIF		
Présent	**Passé composé**	
je tiens	j' ai tenu	
tu tiens	tu as tenu	
il tient	il a tenu	
ns tenons	ns avons tenu	
vs tenez	vs avez tenu	
ils tiennent	ils ont tenu	
Imparfait	**Plus-que-parfait**	
je tenais	j' avais tenu	
tu tenais	tu avais tenu	
il tenait	il avait tenu	
ns tenions	ns avions tenu	
vs teniez	vs aviez tenu	
ils tenaient	ils avaient tenu	
Passé simple	**Passé antérieur**	
je tins	j' eus tenu	
tu tins	tu eus tenu	
il tint	il eut tenu	
ns tînmes	ns eûmes tenu	
vs tîntes (1)	vs eûtes tenu	
ils tinrent	ils eurent tenu	
Futur simple	**Futur antérieur**	
je tiendrai	j' aurai tenu	
tu tiendras	tu auras tenu	
il tiendra	il aura tenu	
ns tiendrons	ns aurons tenu	
vs tiendrez	vs aurez tenu	
ils tiendront	ils auront tenu	

SUBJONCTIF		
Présent		
que je tienne		
que tu tiennes		
qu' il tienne		
que ns tenions		
que vs teniez		
qu' ils tiennent		
Imparfait		
que je tinsse		
que tu tinsses		
qu' il tînt		
que ns tinssions		
que vs tinssiez		
qu' ils tinssent		
Passé		
que j' aie tenu		
que tu aies tenu		
qu' il ait tenu		
que ns ayons tenu		
que vs ayez tenu		
qu' ils aient tenu		
Plus-que-parfait		
que j' eusse tenu		
que tu eusses tenu		
qu' il eût tenu		
que ns eussions tenu		
que vs eussiez tenu		
qu' ils eussent tenu		

CONDITIONNEL		
Présent	**Passé 1re forme**	**Passé 2e forme**
je tiendrais	j' aurais tenu	*j' eusse tenu*
tu tiendrais	tu aurais tenu	*tu eusses tenu*
il tiendrait	il aurait tenu	*il eût tenu*
ns tiendrions	ns aurions tenu	*ns eussions tenu*
vs tiendriez	vs auriez tenu	*vs eussiez tenu*
ils tiendraient	ils auraient tenu	*ils eussent tenu*

IMPÉRATIF	
Présent	**Passé**
tiens, tenons, tenez	*aie tenu, ayons tenu, ayez tenu*

INFINITIF	
Présent	**Passé**
tenir	avoir tenu

PARTICIPE	
Présent	**Passé**
tenant	tenu, ue, ayant tenu

27/Les verbes en -tir : 1. sentir

Se conjuguent sur ce type presque tous les verbes en **-tir,** c'est-à-dire :

1. **Sentir** et ses composés : consentir, pressentir, ressentir (1).
2. **Mentir,** démentir.
3. **Partir** (2), départir (3), repartir (4).
4. **Repentir** (se).
5. **Sortir** (5), ressortir (6).

Les seuls verbes en **-tir** qui se conjuguent autrement que **sentir** sont **vêtir** et ses composés (voir tableau 28).

Remarques :

1. Ressentir, transitif, a normalement l'auxiliaire **avoir.** A la forme pronominale, **se ressentir de** a, aussi normalement, l'auxiliaire **être,** et son participe s'accorde selon les règles de la deuxième catégorie (cf. pp. 28-29).

2. Partir est aujourd'hui intransitif et prend l'auxiliaire **être** (cf. p. 16). Il était autrefois transitif, au sens de partager, et il ne subsiste de cet emploi que l'expression : avoir maille à partir avec quelqu'un (être en querelle avec lui).

3. Départir se conjugue exactement comme **partir** : il ne se départait jamais de son calme. Malgré l'exemple de quelques auteurs, on se gardera de rattacher ce verbe au type régulier du groupe 2, **finir** : il ne se *départissait pas demeure un barbarisme.

4. Repartir peut être :

a) transitif, au sens de : répondre sur-le-champ. Il suit alors le modèle de **sentir** et prend l'auxiliaire **avoir ;**
b) intransitif, au sens de : partir de nouveau, tout comme **partir,** intransitif (cf. 2), il se conjugue sur **sentir,** et prend alors l'auxiliaire **être.**

Ne confondez pas avec **répartir** (**distribuer**) qui est régulier et se conjugue sur **finir** (tableau 23).

5. A côté de **sortir** : passer au-dehors (intransitif, auxiliaire **être**) ou mener au-dehors, tirer dehors (transitif, auxiliaire **avoir**), qui se conjugue sur **sentir,** il subsiste, dans la langue du droit, un ancien **sortir** (transitif, d'où l'auxiliaire **avoir,** obtenir par le sort, qui, lui, se conjugue sur **finir,** mais ne s'emploie qu'à la 3e personne : il faut que cette sentence sortisse son plein et entier effet, Robert).

6. Ressortir :

a) simple composé de **sortir** dans ses deux emplois usuels (cf. 5) se conjugue exactement comme ce verbe : dès qu'il entre, il ressort ; il ressortait son porte-monnaie ;
b) en langage juridique au sens de : être du ressort, de la compétence de, il s'agit d'un autre verbe formé sur **ressort** qui se conjugue sur le type régulier **finir** : cette affaire ressort**issait** (ressort**issait**) au juge de paix.

INDICATIF					SUBJONCTIF		

INDICATIF

Présent			**Passé composé**			**Présent**		
je	sen s		j'	ai	senti	que	je	sen te
tu	sen s		tu	as	senti	que	tu	sen tes
il	sen t		il	a	senti	qu'	il	sen te
ns	sen tons		ns	avons	senti	que	ns	sen tions
vs	sen tez		vs	avez	senti	que	vs	sen tiez
ils	sen tent		ils	ont	senti	qu'	ils	sen tent

Imparfait			**Plus-que-parfait**			**Imparfait**		
je	sen tais		j'	avais	senti	*que*	*je*	*sen tisse*
tu	sen tais		tu	avais	senti	*que*	*tu*	*sen tisses*
il	sen tait		il	avait	senti	*qu'*	*il*	*sen tît*
ns	sen tions		ns	avions	senti	*que*	*ns*	*sen tissions*
vs	sen tiez		vs	aviez	senti	*que*	*vs*	*sen tissiez*
ils	sen taient		ils	avaient	senti	*qu'*	*ils*	*sen tissent*

Passé simple			**Passé antérieur**			**Passé**		
je	sen tis		j'	eus	senti	que	j'	aie	senti
tu	sen tis		tu	eus	senti	que	tu	aies	senti
il	sen tit		il	eut	senti	qu'	il	ait	senti
ns	sen tîmes		ns	eûmes	senti	que	ns	ayons	senti
vs	sen tîtes		vs	eûtes	senti	que	vs	ayez	senti
ils	sen tirent		ils	eurent	senti	qu'	ils	aient	senti

Futur simple			**Futur antérieur**			**Plus-que-parfait**		
je	sen tirai		j'	aurai	senti	*que*	*j'*	*eusse*	*senti*
tu	sen tiras		tu	auras	senti	*que*	*tu*	*eusses*	*senti*
il	sen tira		il	aura	senti	*qu'*	*il*	*eût*	*senti*
ns	sen tirons		ns	aurons	senti	*que*	*ns*	*eussions*	*senti*
vs	sen tirez		vs	aurez	senti	*que*	*vs*	*eussiez*	*senti*
ils	sen tiront		ils	auront	senti	*qu'*	*ils*	*eussent*	*senti*

CONDITIONNEL

Présent			**Passé 1re forme**			**Passé 2e forme**		
je	sen tirais		j'	aurais	senti	*j'*	*eusse*	*senti*
tu	sen tirais		tu	aurais	senti	*tu*	*eusses*	*senti*
il	sen tirait		il	aurait	senti	*il*	*eût*	*senti*
ns	sen tirions		ns	aurions	senti	*ns*	*eussions*	*senti*
vs	sen tiriez		vs	auriez	senti	*vs*	*eussiez*	*senti*
ils	sen tiraient		ils	auraient	senti	*ils*	*eussent*	*seriti*

IMPÉRATIF

Présent	**Passé**
sens, sentons, sentez	*aie senti, ayons senti, ayez senti*

INFINITIF

Présent	**Passé**
sen tir	avoir senti

PARTICIPE

Présent	**Passé**
sen tant	senti, ie, ayant senti

28/Les verbes en -tir : 2. vêtir

■ Se conjuguent sur **vêtir** ses composés : dévêtir, revêtir.

■ Ces verbes se distinguent des autres verbes en **-tir** qui se conjuguent sur **sentir** (tableau 27).

Attention aux formes : je **vêts,** tu **vêts, vêtu, vêts.**

■ Ces difficultés de la conjugaison expliquent :

1. La tendance, déjà ancienne, à laquelle n'ont pas échappé de bons écrivains, comme Lamartine, à faire passer **vêtir** dans le groupe régulier 2 et à le conjuguer sur **finir.** Mais des formes comme *revêtissait, *vêtissant, etc. demeurent des barbarismes.

2. Le remplacement fréquent de **vêtir** par **habiller** (quelqu'un) ou **mettre** un vêtement, de **se vêtir** par **s'habiller,** de **dévêtir** par **déshabiller.**

28

INDICATIF

Présent

je	vêts
tu	vêts
il	vêt
ns	vêtons
vs	vêtez
ils	vêtent

Passé composé

j'	ai	vêtu
tu	as	vêtu
il	a	vêtu
ns	avons	vêtu
vs	avez	vêtu
ils	ont	vêtu

Imparfait

je	vêtais
tu	vêtais
il	vêtait
ns	vêtions
vs	vêtiez
ils	vêtaient

Plus-que-parfait

j'	avais	vêtu
tu	avais	vêtu
il	avait	vêtu
ns	avions	vêtu
vs	aviez	vêtu
ils	avaient	vêtu

Passé simple

je	vêtis
tu	vêtis
il	vêtit
ns	vêtîmes
vs	vêtîtes
ils	vêtirent

Passé antérieur

j'	eus	vêtu
tu	eus	vêtu
il	eut	vêtu
ns	eûmes	vêtu
vs	eûtes	vêtu
ils	eurent	vêtu

Futur simple

je	vêtirai
tu	vêtiras
il	vêtira
ns	vêtirons
vs	vêtirez
ils	vêtiront

Futur antérieur

j'	aurai	vêtu
tu	auras	vêtu
il	aura	vêtu
ns	aurons	vêtu
vs	aurez	vêtu
ils	auront	vêtu

SUBJONCTIF

Présent

que	je	vête
que	tu	vêtes
qu'	il	vête
que	ns	vêtions
que	vs	vêtiez
qu'	ils	vêtent

Imparfait

que	je	vêtisse
que	tu	vêtisses
qu'	il	vêtît
que	ns	vêtissions
que	vs	vêtissiez
qu'	ils	vêtissent

Passé

que	j'	aie	vêtu
que	tu	aies	vêtu
qu'	il	ait	vêtu
que	ns	ayons	vêtu
que	vs	ayez	vêtu
qu'	ils	aient	vêtu

Plus-que-parfait

que	j'	eusse	vêtu
que	tu	eusses	vêtu
qu'	il	eût	vêtu
que	ns	eussions	vêtu
que	vs	eussiez	vêtu
qu'	ils	eussent	vêtu

CONDITIONNEL

Présent

je	vêtirais
tu	vêtirais
il	vêtirait
ns	vêtirions
vs	vêtiriez
ils	vêtiraient

Passé 1re forme

j'	aurais	vêtu
tu	aurais	vêtu
il	aurait	vêtu
ns	aurions	vêtu
vs	auriez	vêtu
ils	auraient	vêtu

Passé 2e forme

j'	eusse	vêtu
tu	eusses	vêtu
il	eût	vêtu
ns	eussions	vêtu
vs	eussiez	vêtu
ils	eussent	vêtu

IMPÉRATIF

Présent

vêts, vêtons, vêtez

Passé

aie vêtu, ayons vêtu, ayez vêtu

INFINITIF

Présent

vêtir

Passé

avoir vêtu

PARTICIPE

Présent

vêtant

Passé

vêtu, ue, ayant vêtu

29/Le verbe **courir**

■ Se conjuguent sur ce type les sept dérivés de **courir** :
accourir (1), concourir, discourir, encourir, parcourir, recourir, secourir.

■ On distinguera nettement ces verbes de **mourir** (tableau 30) et des verbes en **-vrir** et **-frir** (tableau 31).

Remarques :

1. **Accourir** est le seul verbe du groupe qu'on puisse employer soit avec l'auxiliaire **avoir,** soit avec l'auxiliaire **être** (cf. p. 17) : j'ai accouru, je suis accouru. Les autres verbes prennent tous seulement l'auxiliaire **avoir.**

2. Au futur simple et au conditionnel présent, on prendra bien soin non seulement d'écrire deux **r** (cour**r**ai, cour**r**ais,)mais encore de les faire sentir dans la prononciation.

INDICATIF		SUBJONCTIF	

Présent

	Présent		Passé composé	
je	cour s	j'	ai	couru
tu	cour s	tu	as	couru
il	cour t	il	a	couru
ns	cour ons	ns	avons	couru
vs	cour ez	vs	avez	couru
ils	cour ent	ils	ont	couru

Présent

que	je	cour e
que	tu	cour es
qu'	il	cour e
que	ns	cour ions
que	vs	cour iez
qu'	ils	cour ent

Imparfait — **Plus-que-parfait**

je	cour ais	j'	avais	couru
tu	cour ais	tu	avais	couru
il	cour ait	il	avait	couru
ns	cour ions	ns	avions	couru
vs	cour iez	vs	aviez	couru
ils	cour aient	ils	avaient	couru

Imparfait

que	je	cour usse
que	tu	cour usses
qu'	il	cour ût
que	ns	cour ussions
que	vs	cour ussiez
qu'	ils	cour ussent

Passé simple — **Passé antérieur**

je	cour us	j'	eus	couru
tu	cour us	tu	eus	couru
il	cour ut	il	eut	couru
ns	cour ûmes	ns	eûmes	couru
vs	cour ûtes	vs	eûtes	couru
ils	cour urent	ils	eurent	couru

Passé

que	j'	aie	couru
que	tu	aies	couru
qu'	il	ait	couru
que	ns	ayons	couru
que	vs	ayez	couru
qu'	ils	aient	couru

Futur simple — **Futur antérieur**

je	cour rai	j'	aurai	couru
tu	cour ras	tu	auras	couru
il	cour ra	il	aura	couru
ns	cour rons	ns	aurons	couru
vs	cour rez	vs	aurez	couru
ils	cour ront	ils	auront	couru

Plus-que-parfait

que	j'	eusse	couru
que	tu	eusses	couru
qu'	il	eût	couru
que	ns	eussions	couru
que	vs	eussiez	couru
qu'	ils	eussent	couru

CONDITIONNEL		

Présent		**Passé 1re forme**			**Passé 2e forme**		
je	cour rais	j'	aurais	couru	j'	eusse	couru
tu	cour rais	tu	aurais	couru	tu	eusses	couru
il	cour rait	il	aurait	couru	il	eût	couru
ns	cour rions	ns	aurions	couru	ns	eussions couru
vs	cour riez	vs	auriez	couru	vs	eussiez couru
ils	cour raient	ils	auraient	couru	ils	eussent couru

IMPÉRATIF	

Présent

cour s, cour ons, cour ez

Passé

aie couru, ayons couru, ayez couru

INFINITIF		PARTICIPE	

Présent — **Passé**

courir — avoir couru

Présent — **Passé**

cour ant — cour u, ue
ayant couru

30/Le verbe mourir

■ Pour les autres verbes en **-rir,** voir les tableaux 29 et 31.

■ Attention à l'auxiliaire **être** : je suis mort, etc., ainsi qu'au double **r** de mourrai, mourrais... (comme courrai, courrais...), qui se fait sentir dans la prononciation.

INDICATIF				SUBJONCTIF		

Présent / **Passé composé** / **Présent**

je	meurs	je	suis	mort	que je	meure
tu	meurs	tu	es	mort	que tu	meures
il	meurt	il	est	mort	qu' il	meure
ns	mourons	ns	sommes	morts	que ns	mourions
vs	mourez	vs	êtes	morts	que vs	mouriez
ils	meurent	ils	sont	morts	qu' ils	meurent

Imparfait / **Plus-que-parfait** / **Imparfait**

je	mourais	j'	étais	mort	que je	mourusse
tu	mourais	tu	étais	mort	que tu	mourusses
il	mourait	il	était	mort	qu' il	mourût
ns	mourions	ns	étions	morts	que ns	mourussions
vs	mouriez	vs	étiez	morts	que vs	mourussiez
ils	mouraient	ils	étaient	morts	qu' ils	mourussent

Passé simple / **Passé antérieur** / **Passé**

je	mourus	je	fus	mort	que je	sois	mort
tu	mourus	tu	fus	mort	que tu	sois	mort
il	mourut	il	fut	mort	qu' il	soit	mort
ns	mourûmes	ns	fûmes	morts	que ns	soyons	morts
vs	mourûtes	vs	fûtes	morts	que vs	soyez	morts
ils	moururent	ils	furent	morts	qu' ils	soient	morts

Futur simple / **Futur antérieur** / **Plus-que-parfait**

je	mourrai	je	serai	mort	que je	fusse	mort
tu	mourras	tu	seras	mort	que tu	fusses	mort
il	mourra	il	sera	mort	qu' il	fût	mort
ns	mourrons	ns	serons	morts	que ns	fussions	morts
vs	mourrez	vs	serez	morts	que vs	fussiez	morts
ils	mourront	ils	seront	morts	qu' ils	fussent	morts

CONDITIONNEL

Présent / **Passé 1re forme** / **Passé 2e forme**

je	mourrais	je	serais	mort	je	fusse	mort
tu	mourrais	tu	serais	mort	tu	fusses	mort
il	mourrait	il	serait	mort	il	fût	mort
ns	mourrions	ns	serions	morts	ns	fussions	morts
vs	mourriez	vs	seriez	morts	vs	fussiez	morts
ils	mourraient	ils	seraient	morts	ils	fussent	morts

IMPÉRATIF

Présent / **Passé**

meurs, mourons, mourez / *sois mort, soyons morts, soyez morts*

INFINITIF		PARTICIPE	

Présent / **Passé** / **Présent** / **Passé**

mourir / être mort / mourant / mort, te, étant mort

31/Les verbes en -vrir et -frir : couvrir

Se conjuguent sur ce type :

1. Les composés de **couvrir** : découvrir, recouvrir.

2. **Offrir.**

3. **Ouvrir** et ses composés : entrouvrir, rentrouvrir, rouvrir.

4. **Souffrir.**

Remarque :

Le radical se terminant par ce qu'on appelle un groupe combiné de consonnes, c'est-à-dire deux consonnes inséparables dans la prononciation, consonne + liquide, **l** ou **r**, en l'occurrence **-vr** (cou**vr**ir) ou **-fr** (off**r**ir), il était impossible, du temps où, en très ancien français, on prononçait encore les finales, d'articuler une troisième consonne. Cela a exclu les terminaisons habituelles du groupe 3 au présent de l'indicatif **-s, -s, -t** et amené, grâce à la nécessité d'un **e** après le groupe combiné, les finales du groupe 1 **-e, -es, -e** : je couvr**e**, tu offr**es**, il souffr**e**.

31

INDICATIF

Présent

je	couvr e
tu	couvr es
il	couvr e
ns	couvr ons
vs	couvr ez
ils	couvr ent

Passé composé

j'	ai	couvert
tu	as	couvert
il	a	couvert
ns	avons	couvert
vs	avez	couvert
ils	ont	couvert

Imparfait

je	couvr ais
tu	couvr ais
il	couvr ait
ns	couvr ions
vs	couvr iez
ils	couvr aient

Plus-que-parfait

j'	avais	couvert
tu	avais	couvert
il	avait	couvert
ns	avions	couvert
vs	aviez	couvert
ils	avaient	couvert

Passé simple

je	couvr is
tu	couvr is
il	couvr it
ns	couvr îmes
vs	couvr îtes
ils	couvr irent

Passé antérieur

j'	eus	couvert
tu	eus	couvert
il	eut	couvert
ns	eûmes	couvert
vs	eûtes	couvert
ils	eurent	couvert

Futur simple

je	couvr irai
tu	couvr iras
il	couvr ira
ns	couvr irons
vs	couvr irez
ils	couvr iront

Futur antérieur

j'	aurai	couvert
tu	auras	couvert
il	aura	couvert
ns	aurons	couvert
vs	aurez	couvert
ils	auront	couvert

SUBJONCTIF

Présent

que	je	couvr e
que	tu	couvr es
qu'	il	couvr e
que	ns	couvr ions
que	vs	couvr iez
qu'	ils	couvr ent

Imparfait

que	je	couvr isse
que	tu	couvr isses
qu'	il	couvr ît
que	ns	couvr issions
que	vs	couvr issiez
qu'	ils	couvr issent

Passé

que	j'	aie	couvert
que	tu	aies	couvert
qu'	il	ait	couvert
que	ns	ayons	couvert
que	vs	ayez	couvert
qu'	ils	aient	couvert

Plus-que-parfait

que	j'	eusse	couvert
que	tu	eusses	couvert
qu'	il	eût	couvert
que	ns	eussions	couvert
que	vs	eussiez	couvert
qu'	ils	eussent	couvert

CONDITIONNEL

Présent

je	couvr irais
tu	couvr irais
il	couvr irait
ns	couvr irions
vs	couvr iriez
ils	couvr iraient

Passé 1re forme

j'	aurais	couvert
tu	aurais	couvert
il	aurait	couvert
ns	aurions	couvert
vs	auriez	couvert
ils	auraient	couvert

Passé 2e forme

j'	eusse	couvert
tu	eusses	couvert
il	eût	couvert
ns	eussions	couvert
vs	eussiez	couvert
ils	eussent	couvert

IMPÉRATIF

Présent

couvr e, couvr ons, couvr ez

Passé

aie couvert, ayons couvert
ayez couvert

INFINITIF

Présent

couvrir

Passé

avoir couvert

PARTICIPE

Présent

couvr ant

Passé

couvert, te
ayant couvert

32/Le verbe servir et sa famille

■ Les composés de **servir** qui se conjuguent sur ce type sont **desservir** et **resservir.**

■ Il existe un troisième composé de **servir** : **asservir,** mais il est passé du groupe 3/1 au groupe 2 régulier et se conjugue donc comme **finir** : nous asservissons, asservissant, etc. (voir tableau 23).

INDICATIF			
Présent		**Passé composé**	
je	sers	j' ai	servi
tu	sers	tu as	servi
il	sert	il a	servi
ns	serv ons	ns avons	servi
vs	serv ez	vs avez	servi
ils	serv ent	ils ont	servi
Imparfait		**Plus-que-parfait**	
je	serv ais	j' avais	servi
tu	serv ais	tu avais	servi
il	serv ait	il avait	servi
ns	serv ions	ns avions	servi
vs	serv iez	vs aviez	servi
ils	serv aient	ils avaient	servi
Passé simple		**Passé antérieur**	
je	serv is	j' eus	servi
tu	serv is	tu eus	servi
il	serv it	il eut	servi
ns	serv îmes	ns eûmes	servi
vs	serv îtes	vs eûtes	servi
ils	serv irent	ils eurent	servi
Futur simple		**Futur antérieur**	
je	serv irai	j' aurai	servi
tu	serv iras	tu auras	servi
il	serv ira	il aura	servi
ns	serv irons	ns aurons	servi
vs	serv irez	vs aurez	servi
ils	serv iront	ils auront	servi

SUBJONCTIF		
Présent		
que je	serv e	
que tu	serv es	
qu' il	serv e	
que ns	serv ions	
que vs	serv iez	
qu' ils	serv ent	
Imparfait		
que je	*serv isse*	
que tu	*serv isses*	
qu' il	*serv ît*	
que ns	*serv issions*	
que vs	*serv issiez*	
qu' ils	*serv issent*	
Passé		
que j'	aie	servi
que tu	aies	servi
qu' il	ait	servi
que ns	ayons	servi
que vs	ayez	servi
qu' ils	aient	servi
Plus-que-parfait		
que j'	*eusse*	*servi*
que tu	*eusses*	*servi*
qu' il	*eût*	*servi*
que ns	*eussions*	*servi*
que vs	*eussiez*	*servi*
qu' ils	*eussent*	*servi*

CONDITIONNEL					
Présent		**Passé 1ʳᵉ forme**		**Passé 2ᵉ forme**	
je	serv irais	j' aurais	servi	*j'*	*eusse* servi
tu	serv irais	tu aurais	servi	*tu*	*eusses* servi
il	serv irait	il aurait	servi	*il*	*eût* servi
ns	serv irions	ns aurions	servi	*ns*	*eussions* servi
vs	serv iriez	vs auriez	servi	*vs*	*eussiez* servi
ils	serv iraient	ils auraient	servi	*ils*	*eussent* servi

IMPÉRATIF	
Présent	**Passé**
sers, serv ons, serv ez	*aie servi, ayons servi, ayez servi*

INFINITIF		PARTICIPE	
Présent	**Passé**	**Présent**	**Passé**
servir	avoir servi	serv ant	servi, ie
			ayant servi

33/Le verbe dormir

Se conjugue sur **dormir** la famille de ce verbe : endormir, redormir, rendormir.

* *Attention !*

(1) **Dormi** et **redormi** servent à former les temps composés, mais ne sont pas employés comme participes adjectifs.
En revanche, on utilise couramment le participe adjectif **endormi** et plus rarement **rendormi** : une femme endormie.

INDICATIF						SUBJONCTIF		

Présent

je	dor s
tu	dor s
il	dor t
ns	dorm ons
vs	dorm ez
ils	dorm ent

Passé composé

j'	ai	dormi
tu	as	dormi
il	a	dormi
ns	avons	dormi
vs	avez	dormi
ils	ont	dormi

Présent

que	je	dorm e
que	tu	dorm es
qu'	il	dorm e
que	ns	dorm ions
que	vs	dorm iez
qu'	ils	dorm ent

Imparfait

je	dorm ais
tu	dorm ais
il	dorm ait
ns	dorm ions
vs	dorm iez
ils	dorm aient

Plus-que-parfait

j'	avais	dormi
tu	avais	dormi
il	avait	dormi
ns	avions	dormi
vs	aviez	dormi
ils	avaient	dormi

Imparfait

que	*je*	*dorm isse*
que	*tu*	*dorm isses*
qu'	*il*	*dorm ît*
que	*ns*	*dorm issions*
que	*vs*	*dorm issiez*
qu'	*ils*	*dorm issent*

Passé simple

je	dorm is
tu	dorm is
il	dorm it
ns	dorm îmes
vs	dorm îtes
ils	dorm irent

Passé antérieur

j'	eus	dormi
tu	eus	dormi
il	eut	dormi
ns	eûmes	dormi
vs	eûtes	dormi
ils	eurent	dormi

Passé

que	j'	aie	dormi
que	tu	aies	dormi
qu'	il	ait	dormi
que	ns	ayons	dormi
que	vs	ayez	dormi
qu'	ils	aient	dormi

Futur simple

je	dorm irai
tu	dorm iras
il	dorm ira
ns	dorm irons
vs	dorm irez
ils	dorm iront

Futur antérieur

j'	aurai	dormi
tu	auras	dormi
il	aura	dormi
ns	aurons	dormi
vs	aurez	dormi
ils	auront	dormi

Plus-que-parfait

que	*j'*	*eusse*	*dormi*
que	*tu*	*eusses*	*dormi*
qu'	*il*	*eût*	*dormi*
que	*ns*	*eussions*	*dormi*
que	*vs*	*eussiez*	*dormi*
qu'	*ils*	*eussent*	*dormi*

CONDITIONNEL

Présent

je	dorm irais
tu	dorm irais
il	dorm irait
ns	dorm irions
vs	dorm iriez
ils	dorm iraient

Passé 1re forme

j'	aurais	dormi
tu	aurais	dormi
il	aurait	dormi
ns	aurions	dormi
vs	auriez	dormi
ils	auraient	dormi

Passé 2e forme

j'	*eusse*	*dormi*
tu	*eusses*	*dormi*
il	*eût*	*dormi*
ns	*eussions*	*dormi*
vs	*eussiez*	*dormi*
ils	*eussent*	*dormi*

IMPÉRATIF

Présent

dors, dorm ons, dorm ez

Passé

aie dormi, ayons dormi, ayez dormi

INFINITIF

Présent

dormir

Passé

avoir dormi

PARTICIPE

Présent

dorm ant

Passé

dormi (1)
ayant dormi

34/Le verbe cueillir

Se conjuguent sur **cueillir** les verbes de sa famille : accueillir, recueillir.

Remarques :

1. Attention à l'orthographe de **cueillir.**

2. Comme le radical se termine par la semi-voyelle appelée **yod** (celle que fait entendre le **i** de pied prononcé rapidement, et qui est notée par les lettres **-ill**), laquelle ne peut pas être suivie dans la prononciation d'une consonne finale, mais appelle un **e** d'appui, les terminaisons du groupe 3 **-s, -s, -t,** sont exclues (comme au tableau 31) et on utilise celles du groupe 1 **-e, -es, -e** : je cueille, tu accueilles, il recueille.

3. Attention aux formes du futur et du conditionnel : cueillerai, cueillerais. **Elles ne sont pas faites** sur l'infinitif **cueillir,** mais sur l'indicatif présent : je cueille; comparez j'aime et j'aimerai.

34

INDICATIF

Présent			**Passé composé**		
je	cueill e		j'	ai	cueilli
tu	cueill es		tu	as	cueilli
il	cueill e		il	a	cueilli
ns	cueill ons		ns	avons	cueilli
vs	cueill ez		vs	avez	cueilli
ils	cueill ent		ils	ont	cueilli

Imparfait			**Plus-que-parfait**		
je	cueill ais		j'	avais	cueilli
tu	cueill ais		tu	avais	cueilli
il	cueill ait		il	avait	cueilli
ns	cueill ions		ns	avions	cueilli
vs	cueill iez		vs	aviez	cueilli
ils	cueill aient		ils	avaient	cueilli

Passé simple			**Passé antérieur**		
je	cueill is		j'	eus	cueilli
tu	cueill is		tu	eus	cueilli
il	cueill it		il	eut	cueilli
ns	cueill îmes		ns	eûmes	cueilli
vs	cueill îtes		vs	eûtes	cueilli
ils	cueill irent		ils	eurent	cueilli

Futur simple			**Futur antérieur**		
je	cueill erai		j'	aurai	cueilli
tu	cueill eras		tu	auras	cueilli
il	cueill era		il	aura	cueilli
ns	cueill erons		ns	aurons	cueilli
vs	cueill erez		vs	aurez	cueilli
ils	cueill eront		ils	auront	cueilli

SUBJONCTIF

Présent		
que	je	cueill e
que	tu	cueill es
qu'	il	cueill e
que	ns	cueill ions
que	vs	cueill iez
qu'	ils	cueill ent

Imparfait		
que	je	*cueill isse*
que	tu	*cueill isses*
qu'	il	*cueill ît*
que	ns	*cueill issions*
que	vs	*cueill issiez*
qu'	ils	*cueill issent*

Passé			
que	j'	aie	cueilli
que	tu	aies	cueilli
qu'	il	ait	cueilli
que	ns	ayons	cueilli
que	vs	ayez	cueilli
qu'	ils	aient	cueilli

Plus-que-parfait			
que	j'	*eusse*	*cueilli*
que	tu	*eusses*	*cueilli*
qu'	il	*eût*	*cueilli*
que	ns	*eussions*	*cueilli*
que	vs	*eussiez*	*cueilli*
qu'	ils	*eussent*	*cueilli*

CONDITIONNEL

Présent			**Passé 1re forme**			**Passé 2e forme**		
je	cueill erais		j'	aurais	cueilli	*j'*	*eusse*	*cueilli*
tu	cueill erais		tu	aurais	cueilli	*tu*	*eusses*	*cueilli*
il	cueill erait		il	aurait	cueilli	*il*	*eût*	*cueilli*
ns	cueill erions		ns	aurions	cueilli	*ns*	*eussions*	*cueilli*
vs	cueill eriez		vs	auriez	cueilli	*vs*	*eussiez*	*cueilli*
ils	cueill eraient		ils	auraient	cueilli	*ils*	*eussent*	*cueilli*

IMPÉRATIF

Présent	**Passé**
cueill e, cueill ons, cueill ez	*aie cueilli, ayons cueilli, ayez cueilli*

INFINITIF

Présent	**Passé**
cueillir	avoir cueilli

PARTICIPE

Présent	**Passé**
cueill ant	cueill i, ie
	ayant cueilli

35/Les verbes en -aillir : **1.** assaillir

- Se conjuguent sur **assaillir :** tressaillir et défaillir.

- On fera attention au futur en **-irai** : je tressaillirai, tu défailliras.

INDICATIF

Présent

j'	assaill e			
tu	assaill es			
il	assaill e			
ns	assaill ons			
vs	assaill ez			
ils	assaill ent			

Passé composé

j'	ai	assailli
tu	as	assailli
il	a	assailli
ns	avons	assailli
vs	avez	assailli
ils	ont	assailli

Imparfait

j'	assaill ais
tu	assaill ais
il	assaill ait
ns	assaill ions
vs	assaill iez
ils	assaill aient

Plus-que-parfait

j'	avais	assailli
tu	avais	assailli
il	avait	assailli
ns	avions	assailli
vs	aviez	assailli
ils	avaient	assailli

Passé simple

j'	assaill is
tu	assaill is
il	assaill it
ns	assaill îmes
vs	assaill îtes
ils	assaill irent

Passé antérieur

j'	eus	assailli
tu	eus	assailli
il	eut	assailli
ns	eûmes	assailli
vs	eûtes	assailli
ils	eurent	assailli

Futur simple

j'	assaill irai
tu	assaill iras
il	assaill ira
ns	assaill irons
vs	assaill irez
ils	assaill iront

Futur antérieur

j'	aurai	assailli
tu	auras	assailli
il	aura	assailli
ns	aurons	assailli
vs	aurez	assailli
ils	auront	assailli

SUBJONCTIF

Présent

que	j'	assaill e
que	tu	assaill es
qu'	il	assaill e
que	ns	assaill ions
que	vs	assaill iez
qu'	ils	assaill ent

Imparfait

que	j'	assaill isse
que	tu	assaill isses
qu'	il	assaill ît
que	ns	assaill issions
que	vs	assaill issiez
qu'	ils	assaill issent

Passé

que	j'	aie	assailli
que	tu	aies	assailli
qu'	il	ait	assailli
que	ns	ayons	assailli
que	vs	ayez	assailli
qu'	ils	aient	assailli

Plus-que-parfait

que	j'	eusse	assailli
que	tu	eusses	assailli
qu'	il	eût	assailli
que	ns	eussions	assailli
que	vs	eussiez	assailli
qu'	ils	eussent	assailli

CONDITIONNEL

Présent

j'	assaill irais
tu	assaill irais
il	assaill irait
ns	assaill irions
vs	assaill iriez
ils	assaill iraient

Passé 1re forme

j'	aurais	assailli
tu	aurais	assailli
il	aurait	assailli
ns	aurions	assailli
vs	auriez	assailli
ils	auraient	assailli

Passé 2e forme

j'	eusse	assailli
tu	eusses	assailli
il	eût	assailli
ns	eussions	assailli
vs	eussiez	assailli
ils	eussent	assailli

IMPÉRATIF

Présent

assaill e, assaill ons, assaill ez

Passé

aie assailli, ayons assailli, ayez assailli

INFINITIF

Présent

assaillir

Passé

avoir assailli

PARTICIPE

Présent

assaill ant

Passé

assailli, ie
ayant assailli

35/Les verbes en -aillir : **2.** faillir (défectif)

■ Se conjugue sur **assaillir.**

1. Comme **semi-auxiliaire suivi de l'infinitif, faillir** n'est guère utilisé qu'au passé simple : je faillis tomber, ainsi qu'aux temps composés : j'ai failli tomber, etc.

2. Dans le sens de manquer à, **faillir** est utilisé aux mêmes temps, plus le futur et le conditionnel : je ne faillirai pas à mon devoir. La forme **faut** (3e sg. présent indicatif) ne survit que dans la locution rare et archaïque : le cœur me faut (me manque).

■ La conjugaison de **faillir** se réduit donc aux temps ci-contre.

3. Au sens de faire faillite, enfin, le verbe se conjugue régulièrement sur **finir** : quand un commerçant faillit, s'il faillissait. Mais il est peu utilisé en ce sens, car on préfère employer l'expression : faire faillite.

35/Les verbes en -aillir : **3.** saillir (défectif)

Ce verbe vieilli et assez peu usité est également défectif :

■ Dans le sens intransitif de faire saillie, dépasser, **saillir** se conjugue sur **assaillir,** sauf au futur et au conditionnel d'ailleurs très rares : saillera, saillerait. Mais on ne trouve guère en réalité que l'infinitif et les 3es personnes du singulier et du pluriel, ainsi que le participe présent adjectif saillant : un fait saillant.

■ Dans le sens intransitif de jaillir, **saillir** se conjugue sur le type régulier de **finir.** Mais il n'est guère usité qu'à l'infinitif et aux 3es personnes du singulier et du pluriel : l'eau saillissait (jaillissait).

■ Enfin, dans le sens transitif de s'accoupler avec, **saillir** se conjugue sur **finir** et peut être employé à toutes les formes.

INDICATIF		SUBJONCTIF
Présent *(inusité)*	**Passé composé** j'ai failli, etc.	**Présent** *(inusité)*
Imparfait *(inusité)*	**Plus-que-parfait** j'avais failli, etc.	**Imparfait** que je faillisse, etc.
Passé simple je faillis, etc.	**Passé antérieur** *j'eus failli*, etc.	**Passé** *que j'aie failli*, etc.
Fuhur simple *je faillirai*, etc.	**Futur antérieur** J'aurai failli, etc.	**Plus-que-parfait** *que j'eusse failli*, etc.

CONDITIONNEL		
Présent *je faillirais*, etc.	**Passé 1re forme** j'aurais failli, etc.	**Passé 2e forme** *j'eusse failli*, etc.

IMPÉRATIF	
Présent *(inusité)*	**Passé** *(inusité)*

INFINITIF		PARTICIPE	
Présent faillir	**Passé** avoir failli	**Présent** *(inusité)*	**Passé** failli, ayant failli

36/Le verbe fuir

Se conjugue sur **fuir, s'enfuir,** qui prend naturellement l'auxiliaire **être,** comme tous les pronominaux : je me suis enfui..., je m'étais enfui..., etc.
Il fait à l'impératif : enfuis-toi, enfuyons-nous !

INDICATIF

Présent

je	fuis
tu	fuis
il	fuit
ns	fuyons
vs	fuyez
ils	fuient

Passé composé

j'	ai	fui
tu	as	fui
il	a	fui
ns	avons	fui
vs	avez	fui
ils	ont	fui

Imparfait

je	fuyais
tu	fuyais
il	fuyait
ns	fuyions
vs	fuyiez
ils	fuyaient

Plus-que-parfait

j'	avais	fui
tu	avais	fui
il	avait	fui
ns	avions	fui
vs	aviez	fui
ils	avaient	fui

Passé simple

je	fuis
tu	fuis
il	fuit
ns	fuîmes
vs	fuîtes
ils	fuirent

Passé antérieur

j'	eus	fui
tu	eus	fui
il	eut	fui
ns	eûmes	fui
vs	eûtes	fui
ils	eurent	fui

Futur simple

je	fuirai
tu	fuiras
il	fuira
ns	fuirons
vs	fuirez
ils	fuiront

Futur antérieur

j'	aurai	fui
tu	auras	fui
il	aura	fui
ns	aurons	fui
vs	aurez	fui
ils	auront	fui

SUBJONCTIF

Présent

que	je	fuie
que	tu	fuies
qu'	il	fuie
que	ns	fuyions
que	vs	fuyiez
qu'	ils	fuient

Imparfait

que	je	fuisse
que	tu	fuisses
qu'	il	fuît
que	ns	fuissions
que	vs	fuissiez
qu'	ils	fuissent

Passé

que	j'	aie	fui
que	tu	aies	fui
qu'	il	ait	fui
que	ns	ayons	fui
que	vs	ayez	fui
qu'	ils	aient	fui

Plus-que-parfait

que	j'	eusse	fui
que	tu	eusses	fui
qu'	il	eût	fui
que	ns	eussions	fui
que	vs.	eussiez	fui
qu'	ils	eussent	fui

CONDITIONNEL

Présent

je	fuirais
tu	fuirais
il	fuirait
ns	fuirions
vs	fuiriez
ils	fuiraient

Passé 1re forme

j'	aurais	fui
tu	aurais	fui
il	aurait	fui
ns	aurions	fui
vs	auriez	fui
ils	auraient	fui

Passé 2e forme

j'	eusse	fui
tu	eusses	fui
il	eût	fui
ns	eussions	fui
vs	eussiez	fui
ils	eussent	fui

IMPÉRATIF

Présent

fuis, fuyons, fuyez

Passé

aie fui, ayons fui, ayez fui

INFINITIF

Présent

fuir

Passé

avoir fui

PARTICIPE

Présent

fuyant

Passé

fui, e
ayant fui

37/Le verbe acquérir

Se conjuguent sur **acquérir** :

1. Querir ou quérir, vieux synonyme de chercher, peu usité ; il ne s'emploie guère qu'à l'infinitif après aller, venir, envoyer.

2. Conquérir, s'enquérir, reconquérir, requérir ; qui sont tous des composés de **quérir.**

Remarques :

1. La principale difficulté consiste dans l'alternance **-quier, -quér** :

a) quand le radical est sous l'accent tonique, c'est-à-dire en dernière syllabe prononcée, il devient **-quier** : j'acquiers, tu acquiers, il acquiert, ils acquièrent, etc. ;

b) quand le radical n'est pas sous l'accent tonique, il reste **-quér** : nous acquérons, vous acquérez, etc.

2. On ne confondra pas le participe **acquis,** substantivé, par exemple dans l'expression : avoir de l'acquis (du savoir, de la culture) avec le substantif **acquit** qui se rattache au verbe **acquitter** : par **acquit** de conscience, pour **l'acquit.**

INDICATIF

Présent		Passé composé		
j'	**acqu iers**	j'	**ai**	**acquis**
tu	acqu iers	tu	as	acquis
il	acqu iert	il	a	acquis
ns	**acqu érons**	ns	avons	acquis
vs	acqu érez	vs	avez	acquis
ils	**acqu ièrent**	ils	ont	acquis

Imparfait		Plus-que-parfait		
j'	**acqu érais**	j'	avais	acquis
tu	acqu érais	tu	avais	acquis
il	acqu érait	il	avait	acquis
ns	acqu érions	ns	avions	acquis
vs	acqu ériez	vs	aviez	acquis
ils	acqu éraient	ils	avaient	acquis

Passé simple		Passé antérieur		
j'	**acqu is**	j'	eus	acquis
tu	acqu is	tu	eus	acquis
il	**acqu it**	il	**eut**	acquis
ns	acqu îmes	ns	eûmes	acquis
vs	acqu îtes	vs	eûtes	acquis
ils	acqu irent	ils	eurent	acquis

Futur simple		Futur antérieur		
j'	**acqu errai**	j'	**aurai**	**acquis**
tu	acqu erras	tu	auras	acquis
il	acqu erra	il	aura	acquis
ns	acqu errons	ns	aurons	acquis
vs	acqu errez	vs	aurez	acquis
ils	acqu erront	ils	auront	acquis

SUBJONCTIF

Présent

que	j'	acqu ière
que	tu	acqu ières
qu'	il	acqu ière
que	**ns**	**acqu érions**
que	vs	acqu ériez
qu'	ils	acqu ièrent

Imparfait

que	*j'*	*acqu isse*
que	*tu*	*acqu isses*
qu'	**il**	**acqu ît**
que	*ns*	*acqu issions*
que	*vs*	*acqu issiez*
qu'	*ils*	*acqu issent*

Passé

que	j'	aie	acquis
que	tu	aies	acquis
qu'	il	ait	acquis
que	ns	ayons	acquis
que	vs	ayez	acquis
qu'	ils	aient	acquis

Plus-que-parfait

que	*j'*	*eusse*	*acquis*
que	*tu*	*eusses*	*acquis*
qu'	*il*	**eût**	*acquis*
que	*ns*	*eussions*	*acquis*
que	*vs*	*eussiez*	*acquis*
qu'	*ils*	*eussent*	*acquis*

CONDITIONNEL

Présent		Passé 1re forme			Passé 2e forme		
j'	**acqu errais**	j'	aurais	acquis	*j'*	*eusse*	*acquis*
tu	acqu errais	tu	aurais	acquis	*tu*	*eusses*	*acquis*
il	acqu errait	il	aurait	acquis	*il*	**eût**	*acquis*
ns	acqu errions	ns	aurions	acquis	*ns*	*eussions*	*acquis*
vs	acqu erriez	vs	auriez	acquis	*vs*	*eussiez*	*acquis*
ils	acqu erraient	ils	auraient	acquis	*ils*	*eussent*	*acquis*

IMPÉRATIF

Présent	Passé
acqu iers, acqu érons, acqu érez	*aie acquis, ayons acquis, ayez acquis*

INFINITIF

Présent	Passé
acquérir	avoir acquis

PARTICIPE

Présent	Passé
acqu érant	**acqu is, ise** ayant acquis

38/Le verbe bouillir

■ Se conjugue sur ce verbe uniquement son composé **débouillir**, transitif, terme technique rare de teinturerie.

■ Les Français s'arrangent pour employer le moins possible certaines formes difficiles de **bouillir.** Ils tournent alors la difficulté en utilisant les expressions : faire bouillir (transitif) et être en train de bouillir (intransitif) : je fais bouillir des pommes de terre, elles sont en train de bouillir.

INDICATIF

Présent

je	bous
tu	bous
il	bout
ns	bouill ons
vs	bouill ez
ils	bouill ent

Passé composé

j'	ai	bouilli
tu	as	bouilli
il	a	bouilli
ns	avons	bouilli
vs	avez	bouilli
ils	ont	bouilli

Imparfait

je	bouill ais
tu	bouill ais
il	bouill ait
ns	bouill ions
vs	bouill iez
ils	bouill aient

Plus-que-parfait

j'	avais	bouilli
tu	avais	bouilli
il	avait	bouilli
ns	avions	bouilli
vs	aviez	bouilli
ils	avaient	bouilli

Passé simple

je	bouill is
tu	bouill is
il	bouill it
ns	bouill îmes
vs	bouill îtes
ils	bouill irent

Passé antérieur

j'	eus	bouilli
tu	eus	bouilli
il	eut	bouilli
ns	eûmes	bouilli
vs	eûtes	bouilli
ils	eurent	bouilli

Futur simple

je	bouill irai
tu	bouill iras
il	bouill ira
ns	bouill irons
vs	bouill irez
ils	bouill iront

Futur antérieur

j'	aurai	bouilli
tu	auras	bouilli
il	aura	bouilli
ns	aurons	bouilli
vs	aurez	bouilli
ils	auront	bouilli

SUBJONCTIF

Présent

que	je	bouill e
que	tu	bouill es
qu'	il	bouill e
que	ns	bouill ions
que	vs	bouill iez
qu'	ils	bouill ent

Imparfait

que	je	bouill isse
que	tu	bouill isses
qu'	il	bouill ît
que	ns	bouill issions
que	vs	bouill issiez
qu'	ils	bouill issent

Passé

que	j'	aie	bouilli
que	tu	aies	bouilli
qu'	il	ait	bouilli
que	ns	ayons	bouilli
que	vs	ayez	bouilli
qu'	ils	aient	bouilli

Plus-que-parfait

que	j'	eusse	bouilli
que	tu	eusses	bouilli
qu'	il	eût	bouilli
que	ns	eussions	bouilli
que	vs	eussiez	bouilli
qu'	ils	eussent	bouilli

CONDITIONNEL

Présent

je	bouill irais
tu	bouill irais
il	bouill irait
ns	bouill irions
vs	bouill iriez
ils	bouill iraient

Passé 1re forme

j'	aurais	bouilli
tu	aurais	bouilli
il	aurait	bouilli
ns	aurions	bouilli
vs	auriez	bouilli
ils	auraient	bouilli

Passé 2e forme

j'	eusse	bouilli
tu	eusses	bouilli
il	eût	bouilli
ns	eussions	bouilli
vs	eussiez	bouilli
ils	eussent	bouilli

IMPÉRATIF

Présent

bous, bouill ons, bouill ez

Passé

aie bouilli, ayons bouilli, ayez bouilli

INFINITIF

Présent

bouillir

Passé

avoir bouilli

PARTICIPE

Présent

bouill ant

Passé

bouill i, ie
ayant bouilli

39/Le verbe ouïr (archaïque et défectif)

Ce verbe archaïque, habituellement remplacé par **entendre** (tableau 55), n'est plus guère employé qu'à l'infinitif et à quelques formes composées dans l'expression : j'ai ouï dire que, j'avais ouï dire que, etc.
Un de ses vestiges est également conservé dans l'expression : par ouï-dire.

Remarque :

On trouve, de façon extrêmement rare, les formes archaïques suivantes : j'ois..., nous oyons..., j'oyais..., que j'oie..., que nous oyions..., ainsi que les impératifs : ois, oyons, oyez. Les futurs archaïques : j'oirai, j'orrai et les conditionnels archaïques : j'oirais, j'orrais, sont encore plus rares.

39/Le verbe gésir (archaïque et défectif)

Gésir (être couché), verbe archaïque, n'est plus utilisé qu'aux formes ci-contre. Encore **gésir** (être couché, étendu) ne s'emploie-t-il que lorsqu'il s'agit de morts, de malades ou de choses abîmées, abattues ou abandonnées : les fragments de statue gisaient dans l'herbe. **Gésir** n'existe plus que dans les grammaires et **ci-gît,** doublement archaïque, ne se maintient que comme inscription funéraire.

	INDICATIF
Présent	**Passé composé**
(inusité)	j'ai ouï, etc.
Imparfait	**Plus-que-parfait**
(inusité)	j'avais ouï, etc.
Passé simple	**Passé antérieur**
j'ouïs, etc.	j'eus ouï, etc.
Futur simple	**Futur antérieur**
j'ouïrai, etc.	j'aurai ouï, etc.

	SUBJONCTIF
Présent	
(inusité)	
Imparfait	
que j'ouïsse, etc.	
Passé	
que j'aie ouï, etc.	
Plus-que-parfait	
que j'eusse ouï, etc.	

	CONDITIONNEL
Présent	**Passé 1re forme**
j'ouïrais, etc.	j'aurais ouï, etc.

	IMPÉRATIF
Présent	**Passé**
(inusité)	*(inusité)*

	INFINITIF
Présent	**Passé**
ouïr	avoir ouï

	PARTICIPE
Présent	**Passé**
oyant (très rare)	ouï, ïe, ayant ouï

INDICATIF			
Présent		**Imparfait**	
je	gis	*je*	gisais
tu	gis	*tu*	gisais
il	gît	il	gisait
nous	gisons	*nous*	gisions
vous	gisez	*vs*	gisiez
ils	gisent	*ils*	gisaient

PARTICIPE
Présent
gisant

Verbes en **-oir**

40/Le verbe voir

C'est le plus fréquent de tous les verbes du groupe 3/2. Se conjuguent sur **voir :**

1. Entrevoir et **revoir,** qui suivent exactement sa conjugaison.

2. Pourvoir, à tous les temps et modes, excepté le passé simple, l'imparfait du subjonctif, le futur simple et le présent du conditionnel.
On substituera donc aux temps correspondants de **voir,** la conjugaison propre de **pourvoir** : cf. tableau 41.

3. Prévoir, à tous les temps et modes, excepté le futur simple : je prévoirai et le conditionnel présent : je prévoirais. A ces deux temps, **prévoir** suit exactement la conjugaison de **pourvoir.**

INDICATIF		SUBJONCTIF

Présent

je	vois	j'	ai	vu
tu	vois	tu	as	vu
il	voit	il	a	vu
ns	voyons	ns	avons	vu
vs	voyez	vs	avez	vu
ils	voient	ils	ont	vu

Passé composé

Présent

que	je	voie
que	tu	voies
qu'	il	voie
que	ns	voyions
que	vs	voyiez
qu'	ils	voient

Imparfait

je	voyais	j'	avais	vu
tu	voyais	tu	avais	vu
il	voyait	il	avait	vu
ns	voyions	ns	avions	vu
vs	voyiez	vs	aviez	vu
ils	voyaient	ils	avaient	vu

Plus-que-parfait

Imparfait

que	je	visse
que	tu	visses
qu'	il	vît
que	ns	vissions
que	vs	vissiez
qu'	ils	vissent

Passé simple

je	vis	j'	eus	vu
tu	vis	tu	eus	vu
il	vit	il	eut	vu
ns	vîmes	ns	eûmes	vu
vs	vîtes	vs	eûtes	vu
ils	virent	ils	eurent	vu

Passé antérieur

Passé

que	j'	aie	vu
que	tu	aies	vu
qu'	il	ait	vu
que	ns	ayons	vu
que	vs	ayez	vu
qu'	ils	aient	vu

Futur simple

je	verrai	j'	aurai	vu
tu	verras	tu	auras	vu
il	verra	il	aura	vu
ns	verrons	ns	aurons	vu
vs	verrez	vs	aurez	vu
ils	verront	ils	auront	vu

Futur antérieur

Plus-que-parfait

que	j'	eusse	vu
que	tu	eusses	vu
qu'	il	eût	vu
que	ns	eussions	vu
que	vs	eussiez	vu
qu'	ils	eussent	vu

CONDITIONNEL

Présent

je	verrais
tu	verrais
il	verrait
ns	verrions
vs	verriez
ils	verraient

Passé 1re forme

j'	aurais	vu
tu	aurais	vu
il	aurait	vu
ns	aurions	vu
vs	auriez	vu
ils	auraient	vu

Passé 2e forme

j'	eusse	vu
tu	eusses	vu
il	eût	vu
ns	eussions	vu
vs	eussiez	vu
ils	eussent	vu

IMPÉRATIF

Présent

vois, voyons, voyez

Passé

aie vu, ayons vu, ayez vu

INFINITIF

Présent

voir

Passé

avoir vu

PARTICIPE

Présent

voyant

Passé

vu, ue
ayant vu

Verbes en **-oir**

41/Le verbe pourvoir

■ Cf. **voir** (tableau 40), pour les autres temps que ceux qui sont cités ci-contre.

■ **Dépourvoir,** qui se conjugue exactement sur **pourvoir,** ne s'emploie guère qu'à l'infinitif, au passé simple, au participe passé, et aux temps composés (Robert).

INDICATIF

Passé simple

je	pourvus
tu	pourvus
il	pourvut
ns	pourvûmes
vs	pourvûtes
ils	pourvurent

Futur simple

je	pourvoirai
tu	pourvoiras
il	pourvoira
ns	pourvoirons
vs	pourvoirez
ils	pourvoiront

SUBJONCTIF

Imparfait

que	je	pourvusse
que	tu	pourvusses
qu'	il	pourvût
que	ns	pourvussions
que	vs	pourvussiez
qu'	ils	pourvussent

CONDITIONNEL

Présent

je	pourvoirais
tu	pourvoirais
il	pourvoirait
ns	pourvoirions
vs	pourvoiriez
ils	pourvoiraient

42/Les verbes en -cevoir : recevoir

■ Ce verbe assez fréquent sert de modèle à : apercevoir, concevoir, décevoir, entr'apercevoir, percevoir.

■ N'oubliez pas la **cédille,** obligatoire devant **o** et **u** : elle est destinée à conserver à la lettre **c** le son [s].

INDICATIF

Présent		Passé composé		
je	reç ois	j'	ai	reçu
tu	reç ois	tu	as	reçu
il	reç oit	il	a	reçu
ns	rec evons	ns	avons	reçu
vs	rec evez	vs	avez	reçu
ils	reç oivent	ils	ont	reçu

Imparfait		Plus-que-parfait		
je	rec evais	j'	avais	reçu
tu	rec evais	tu	avais	reçu
il	rec evait	il	avait	reçu
ns	rec evions	ns	avions	reçu
vs	rec eviez	vs	aviez	reçu
ils	rec evaient	ils	avaient	reçu

Passé simple		Passé antérieur		
je	reç us	j'	eus	reçu
tu	reç us	tu	eus	reçu
il	reç ut	il	eut	reçu
ns	reç ûmes	ns	eûmes	reçu
vs	reç ûtes	vs	eûtes	reçu
ils	reç urent	ils	eurent	reçu

Futur simple		Futur antérieur		
je	rec evrai	j'	aurai	reçu
tu	rec evras	tu	auras	reçu
il	rec evra	il	aura	reçu
ns	rec evrons	ns	aurons	reçu
vs	rec evrez	vs	aurez	reçu
ils	rec evront	ils	auront	reçu

SUBJONCTIF

Présent		
que	je	reç oive
que	tu	reç oives
qu'	il	reç oive
que	ns	rec evions
que	vs	rec eviez
qu'	ils	reç oivent

Imparfait		
que	je	reç usse
que	tu	reç usses
qu'	il	reç ût
que	ns	reç ussions
que	vs	reç ussiez
qu'	ils	reç ussent

Passé			
que	j'	aie	reçu
que	tu	aies	reçu
qu'	il	ait	reçu
que	ns	ayons	reçu
que	vs	ayez	reçu
qu'	ils	aient	reçu

Plus-que-parfait			
que	j'	eusse	reçu
que	tu	eusses	reçu
qu'	il	eût	reçu
que	ns	eussions	reçu
que	vs	eussiez	reçu
qu'	ils	eussent	reçu

CONDITIONNEL

Présent		Passé 1re forme			Passé 2e forme		
je	rec evrais	j'	aurais	reçu	j'	eusse	reçu
tu	rec evrais	tu	aurais	reçu	tu	eusses	reçu
il	rec evrait	il	aurait	reçu	il	eût	reçu
ns	rec evrions	ns	aurions	reçu	ns	eussions	reçu
vs	rec evriez	vs	auriez	reçu	vs	eussiez	reçu
ils	rec evraient	ils	auraient	reçu	ils	eussent	reçu

IMPÉRATIF

Présent	Passé
reç ois, rec evons, rec evez	aie reçu, ayons reçu, ayez reçu

INFINITIF

Présent	Passé
recevoir	avoir reçu

PARTICIPE

Présent	Passé
rec evant	re çu, ue
	ayant reçu

43/Le verbe pouvoir

■ C'est le verbe le plus fréquent du groupe 3/2, après **voir** (tableau 40).

■ Remarquez le **-x** de : je peux, tu peux (à rapprocher de je, tu veux et de je, tu vaux). Dans la tournure interrogative, on dit : puis-je? (est-ce que je peux?).

■ Le futur **je pourrai** [pure] s'écrit avec **deux r** qui se prononcent comme un seul ; comparez mourrai et courrai où les deux **r** se prononcent.

INDICATIF

Présent		**Passé composé**	
je	peux	j'	ai pu
tu	peux	tu	as pu
il	peut	il	a pu
ns	pouvons	ns	avons pu
vs	pouvez	vs	avez pu
ils	peuvent	ils	ont pu

Imparfait		**Plus-que-parfait**	
je	pouvais	j'	avais pu
tu	pouvais	tu	avais pu
il	pouvait	il	avait pu
ns	pouvions	ns	avions pu
vs	pouviez	vs	aviez pu
ils	pouvaient	ils	avaient pu

Passé simple		**Passé antérieur**	
je	pus	j'	eus pu
tu	pus	tu	eus pu
il	put	il	eut pu
ns	pûmes	ns	eûmes pu
vs	pûtes	vs	eûtes pu
ils	purent	ils	eurent pu

Futur simple		**Futur antérieur**	
je	pourrai	j'	aurai pu
tu	pourras	tu	auras pu
il	pourra	il	aura pu
ns	pourrons	ns	aurons pu
vs	pourrez	vs	aurez pu
ils	pourront	ils	auront pu

SUBJONCTIF

Présent		
que	je	puisse
que	tu	puisses
qu'	il	puisse
que	ns	puissions
que	vs	puissiez
qu'	ils	puissent

Imparfait		
que	je	pusse
que	tu	pusses
qu'	il	pût
que	ns	pussions
que	vs	pussiez
qu'	ils	pussent

Passé			
que	j'	aie	pu
que	tu	aies	pu
qu'	il	ait	pu
que	ns	ayons	pu
que	vs	ayez	pu
qu'	ils	aient	pu

Plus-que-parfait			
que	j'	eusse	pu
que	tu	eusses	pu
qu'	il	eût	pu
que	ns	eussions	pu
que	vs	eussiez	pu
qu'	ils	eussent	pu

CONDITIONNEL

Présent		**Passé 1re forme**		**Passé 2e forme**	
je	pourrais	j'	aurais pu	j'	eusse pu
tu	pourrais	tu	aurais pu	tu	eusses pu
il	pourrait	il	aurait pu	il	eût pu
ns	pourrions	ns	aurions pu	ns	eussions pu
vs	pourriez	vs	auriez pu	vs	eussiez pu
ils	pourraient	ils	auraient pu	ils	eussent pu

IMPÉRATIF

(inusité)

INFINITIF

Présent	**Passé**
pouvoir	avoir pu

PARTICIPE

Présent	**Passé**
pouvant	pu, ayant pu

44/Le verbe vouloir

■ Attention au **-x** de : je veu**x,** tu veu**x** (cf. peu**x**).

■ L'impératif **veux !** est très rare, mais il s'emploie fréquemment dans la locution en vouloir à quelqu'un : ne m'en veux pas, ne m'en voulez pas (ne m'en veuillez pas est littéraire).

Veuillez est très utilisé dans les formules de politesse : veuillez m'excuser, etc.

Remarque :

(1) Que nous veuillions, que vous veuilliez sont des formes plus rares et plus littéraires.

INDICATIF

Présent		**Passé composé**		
je	veux	j'	ai	voulu
tu	veux	tu	as	voulu
il	veut	il	a	voulu
ns	voulons	ns	avons	voulu
vs	voulez	vs	avez	voulu
ils	veulent	ils	ont	voulu

Imparfait		**Plus-que-parfait**		
je	voulais	j'	avais	voulu
tu	voulais	tu	avais	voulu
il	voulait	il	avait	voulu
ns	voulions	ns	avions	voulu
vs	vouliez	vs	aviez	voulu
ils	voulaient	ils	avaient	voulu

Passé simple		**Passé antérieur**		
je	voulus	j'	eus	voulu
tu	voulus	tu	eus	voulu
il	voulut	il	eut	voulu
ns	voulûmes	ns	eûmes	voulu
vs	voulûtes	vs	eûtes	voulu
ils	voulurent	ils	eurent	voulu

Futur simple		**Futur antérieur**		
je	voudrai	j'	aurai	voulu
tu	voudras	tu	auras	voulu
il	voudra	il	aura	voulu
ns	voudrons	ns	aurons	voulu
vs	voudrez	vs	aurez	voulu
ils	voudront	ils	auront	voulu

SUBJONCTIF

Présent		
que	je	veuille
que	tu	veuilles
qu'	il	veuille
que	ns	voulions (1)
que	vs	vouliez (1)
qu'	ils	veuillent

Imparfait		
que	je	voulusse
que	tu	voulusses
qu'	il	voulût
que	ns	voulussions
que	vs	voulussiez
qu'	ils	voulussent

Passé			
que	j'	aie	voulu
que	tu	aies	voulu
qu'	il	ait	voulu
que	ns	ayons	voulu
que	vs	ayez	voulu
qu'	ils	aient	voulu

Plus-que-parfait			
que	j'	eusse	voulu
que	tu	eusses	voulu
qu'	il	eût	voulu
que	ns	eussions	voulu
que	vs	eussiez	voulu
qu'	ils	eussent	voulu

CONDITIONNEL

Présent		**Passé 1re forme**			**Passé 2e forme**		
je	voudrais	j'	aurais	voulu	j'	eusse	voulu
tu	voudrais	tu	aurais	voulu	tu	eusses	voulu
il	voudrait	il	aurait	voulu	il	eût	voulu
ns	voudrions	ns	aurions	voulu	ns	eussions	voulu
vs	voudriez	vs	auriez	voulu	vs	eussiez	voulu
ils	voudraient	ils	auraient	voulu	ils	eussent	voulu

IMPÉRATIF

Présent	**Passé**
veux (veuille), voulons voulez (veuillez)	aie voulu, ayons voulu, ayez voulu

INFINITIF

Présent	**Passé**
vouloir	avoir voulu

PARTICIPE

Présent	**Passé**
voulant	voulu, ue ayant voulu

45/Le verbe devoir

■ **Devoir,** verbe fréquent, a un seul composé (rare) : redevoir.

■ L'accent circonflexe de **dû** sert à différencier ce participe passé de l'article partitif **du.** Il peut donc disparaître sans inconvénient dans les formes féminines et plurielles : dues, dus, dues. Le participe passé : redû, redue, redus, redues suit exactement le modèle de **dû.**

INDICATIF

Présent	**Passé composé**
je dois	j' ai dû
tu dois	tu as dû
il doit	il a dû
ns devons	ns avons dû
vs devez	vs avez dû
ils doivent	ils ont dû

Imparfait	**Plus-que-parfait**
je devais	j' avais dû
tu devais	tu avais dû
il devait	il avait dû
ns devions	ns avions dû
vs deviez	vs aviez dû
ils devaient	ils avaient dû

Passé simple	**Passé antérieur**
je dus	j' eus dû
tu dus	tu eus dû
il dut	il eut dû
ns dûmes	ns eûmes dû
vs dûtes	vs eûtes dû
ils durent	ils eurent dû

Futur simple	**Futur antérieur**
je devrai	j' aurai dû
tu devras	tu auras dû
il devra	il aura dû
ns devrons	ns aurons dû
vs devrez	vs aurez dû
ils devront	ils auront dû

SUBJONCTIF

Présent
que je doive
que tu doives
qu' il doive
que ns devions
que vs deviez
qu' ils doivent

Imparfait
que je dusse
que tu dusses
qu' il dût
que ns dussions
que vs dussiez
qu' ils dussent

Passé
que j' aie dû
que tu aies dû
qu' il ait dû
que ns ayons dû
que vs ayez dû
qu' ils aient dû

Plus-que-parfait
que j' eusse dû
que tu eusses dû
qu' il eût dû
que ns eussions dû
que vs eussiez dû
qu ils eussent dû

CONDITIONNEL

Présent	**Passé 1re forme**	**Passé 2e forme**
je devrais	j' aurais dû	j' eusse dû
tu devrais	tu aurais dû	tu eusses dû
il devrait	il aurait dû	il eût dû
ns devrions	ns aurions dû	ns eussions dû
vs devriez	vs auriez dû	vs eussiez dû
ils devraient	ils auraient dû	ils eussent dû

IMPÉRATIF

Présent	**Passé**
dois, devons, devez	aie dû, ayons dû, ayez dû

INFINITIF

Présent	**Passé**
devoir	avoir dû

PARTICIPE

Présent	**Passé**
devant	dû, ue, ayant dû

46/Le verbe savoir

■ Ce verbe très fréquent n'a pas de composé.

■ Attention au participe présent **sachant** : ne le confondez pas avec l'adjectif ou le nom **savant.**

Remarque :

(1) Il arrive que le présent normal **sais** soit remplacé par **sache.** Ces emplois rares et archaïques apparaissent dans la tournure négative : **je ne sache pas que** + subjonctif. **Que je sache** (autant que je sache) est nettement plus fréquent.

INDICATIF		SUBJONCTIF

Présent

je	sais (1)
tu	sais
il	sait
ns	savons
vs	savez
ils	savent

Passé composé

j'	ai	su
tu	as	su
il	a	su
ns	avons	su
vs	avez	su
ils	ont	su

Présent

que	je	sache
que	tu	saches
qu'	il	sache
que	ns	sachions
que	vs	sachiez
qu'	ils	sachent

Imparfait

je	savais
tu	savais
il	savait
ns	savions
vs	saviez
ils	savaient

Plus-que-parfait

j'	avais	su
tu	avais	su
il	avait	su
ns	avions	su
vs	aviez	su
ils	avaient	su

Imparfait

que	je	susse
que	tu	susses
qu'	il	sût
que	ns	sussions
que	vs	sussiez
qu'	ils	sussent

Passé simple

je	sus
tu	sus
il	sut
ns	sûmes
vs	sûtes
ils	surent

Passé antérieur

j'	eus	su
tu	eus	su
il	eut	su
ns	eûmes	su
vs	eûtes	su
ils	eurent	su

Passé

que	j'	aie	su
que	tu	aies	su
qu'	il	ait	su
que	ns	ayons	su
que	vs	ayez	su
qu'	ils	aient	su

Futur simple

je	saurai
tu	sauras
il	saura
ns	saurons
vs	saurez
ils	sauront

Futur antérieur

j'	aurai	su
tu	auras	su
il	aura	su
ns	aurons	su
vs	aurez	su
ils	auront	su

Plus-que-parfait

que	j'	eusse	su
que	tu	eusses	su
qu'	il	eût	su
que	ns	eussions	su
que	vs	eussiez	su
qu'	ils	eussent	su

CONDITIONNEL

Présent

je	saurais
tu	saurais
il	saurait
ns	saurions
vs	sauriez
ils	sauraient

Passé 1re forme

j'	aurais	su
tu	aurais	su
il	aurait	su
ns	aurions	su
vs	auriez	su
ils	auraient	su

Passé 2e forme

j'	eusse	su
tu	eusses	su
il	eût	su
ns	eussions	su
vs	eussiez	su
ils	eussent	su

IMPÉRATIF

Présent

sache, sachons, sachez

Passé

aie su, ayons su, ayez su

INFINITIF

Présent — savoir

Passé — avoir su

PARTICIPE

Présent — sachant

Passé — su, ue / ayant su

127

47/Le verbe falloir (impersonnel)

48/Le verbe pleuvoir (impersonnel)

■ Au sens figuré, ce verbe est parfois employé au pluriel : **les coups pleuvent, pleuvaient,** etc.

■ **Repleuvoir,** composé de **pleuvoir,** suit exactement sa conjugaison.

INDICATIF		SUBJONCTIF
Présent	**Passé composé**	**Présent**
il faut	il a fallu	qu'il faille
Imparfait	**Plus-que-parfait**	**Imparfait**
il fallait	il avait fallu	qu'il fallût
Passé simple	**passé antérieur**	**Passé**
il fallut	il eut fallu	qu'il ait fallu
Futur simple	**Futur antérieur**	**Plus-que-parfait**
il faudra	il aura fallu	qu'il eût fallu

CONDITIONNEL		
Présent	**Passé 1re forme**	**Passé 2e forme**
il faudrait	il aurait fallu	il eût fallu

IMPÉRATIF (*n'existe pas*)

INFINITIF		PARTICIPE	
Présent	**Passé**	**Présent**	**Passé**
falloir	(inusité)	(inusité)	fallu

INDICATIF		SUBJONCTIF
Présent	**Passé composé**	**Présent**
il pleut	il a plu	qu'il pleuve
Imparfait	**Plus-que-parfait**	**Imparfait**
il pleuvait	il avait plu	qu'il plût
Passé simple	**Passé antérieur**	**Passé**
il plut	il eut plu	qu'il ait plu
Futur simple	**Futur antérieur**	**Plus-que-parfait**
il pleuvra	il aura plu	qu'il eût plu

CONDITIONNEL		
Présent	**Passé 1re forme**	**Passé 2e forme**
il pleuvrait	il aurait plu	il eût plu

INFINITIF		PARTICIPE	
Présent	**Passé**	**Présent**	**Passé**
pleuvoir	avoir plu	pleuvant	plu, ayant plu

IMPÉRATIF (*n'existe pas*)

49/Le verbe valoir

■ Retenez bien la terminaison **-x** de : je vau**x**, tu vau**x**, ainsi que l'alternance [vaj], [val] du subjonctif présent.

■ Se conjuguent sur **valoir** :

1. Revaloir.

2. Équivaloir : pour ce verbe, il ne faut pas confondre le participe présent, **équivalant** (un succès diplomatique **équivalant à** une victoire militaire) avec l'adjectif, dont l'orthographe est différente, **équivalent** (deux méthodes **équivalentes**).

3. Prévaloir.

a) Ce verbe se conjugue comme **valoir,** sauf aux trois premières personnes du subjonctif présent : (que) je pré**vale,** que tu pré**vales,** qu'il pré**vale,** à côté de (que) nous prévalions. Autrement dit, il ne fait pas l'alternance [vaj], [val] signalée plus haut pour **valoir.**

b) A la voix pronominale, avec le sens spécial de prétendre tirer avantage, il appartient à la deuxième catégorie des pronominaux (cf. p. 28), et le participe passé s'accorde donc avec le sujet : elles se sont prévalues de leurs droits.

INDICATIF

Présent

je	vaux
tu	vaux
il	vaut
ns	valons
vs	valez
ils	valent

Passé composé

j'	ai	valu
tu	as	valu
il	a	valu
ns	avons	valu
vs	avez	valu
ils	ont	valu

Imparfait

je	valais
tu	valais
il	valait
ns	valions
vs	valiez
ils	valaient

Plus-que-parfait

j'	avais	valu
tu	avais	valu
il	avait	valu
ns	avions	valu
vs	aviez	valu
ils	avaient	valu

Passé simple

je	valus
tu	valus
il	valut
ns	valûmes
vs	valûtes
ils	valurent

Passé antérieur

j'	eus	valu
tu	eus	valu
il	eut	valu
ns	eûmes	valu
vs	eûtes	valu
ils	eurent	valu

Futur simple

je	vaudrai
tu	vaudras
il	vaudra
ns	vaudrons
vs	vaudrez
ils	vaudront

Futur antérieur

j'	aurai	valu
tu	auras	valu
il	aura	valu
ns	aurons	valu
vs	aurez	valu
ils	auront	valu

SUBJONCTIF

Présent

que	je	vaille
que	tu	vailles
qu'	il	vaille
que	ns	valions
que	vs	valiez
qu'	ils	vaillent

Imparfait

que	je	valusse
que	tu	valusses
qu'	il	valût
que	ns	valussions
que	vs	valussiez
qu'	ils	valussent

Passé

que	j'	aie	valu
que	tu	aies	valu
qu'	il	ait	valu
que	ns	ayons	valu
que	vs	ayez	valu
qu'	ils	aient	valu

Plus-que-parfait

que	j'	eusse	valu
que	tu	eusses	valu
qu'	il	eût	valu
que	ns	eussions	valu
que	vs	eussiez	valu
qu'	ils	eussent	valu

CONDITIONNEL

Présent

je	vaudrais
tu	vaudrais
il	vaudrait
ns	vaudrions
vs	vaudriez
ils	vaudraient

Passé 1re forme

j'	aurais	valu
tu	aurais	valu
il	aurait	valu
ns	aurions	valu
vs	auriez	valu
ils	auraient	valu

Passé 2e forme

j'	eusse	valu
tu	eusses	valu
il	eût	valu
ns	eussions	valu
vs	eussiez	valu
ils	eussent	valu

IMPÉRATIF

Présent

vaux, valons, valez

Passé

aie valu, ayons valu, ayez valu

INFINITIF

Présent

valoir

Passé

avoir valu

PARTICIPE

Présent

valant

Passé

valu, ue
ayant valu

50/ Le verbe s'asseoir

■ On emploie surtout **le pronominal s'asseoir,** naturellement avec l'auxiliaire **être** : je m'assieds, assieds-toi, je m'asseyais, je me suis assis, etc.
Asseoir, transitif, est beaucoup plus rare et prend l'auxiliaire **avoir** : j'ai assis l'enfant.

■ Les formes en **-ie, -ey** : j'assieds, nous asseyons, sont les plus courantes ; elles sont préférables aux formes en -**oi, -oy** : j'assois, nous assoyons.

■ Se conjuguent sur **s'asseoir** :

rasseoir (transitif), **se rasseoir** (pronominal) qui suivent exactement la conjugaison de **s'asseoir.**

INDICATIF

Présent

j'	assieds
tu	assieds
il	assied
ns	asseyons
vs	asseyez
ils	asseyent
ou j'	*assois*

Passé composé

j	ai	assis
tu	as	assis
il	a	assis
ns	avons	assis
vs	avez	assis
ils	ont	assis

Imparfait

j'	asseyais
tu	asseyais
il	asseyait
ns	asseyions
vs	asseyiez
ils	asseyaient
ou j'	*assoyais*

Plus-que-parfait

j'	avais	assis
tu	avais	assis
il	avait	assis
ns	avions	assis
vs	aviez	assis
ils	avaient	assis

Passé simple

j'	assis
tu	assis
il	assit
ns	assîmes
vs	assîtes
ils	assirent

Passé antérieur

j'	eus	assis
tu	eus	assis
il	eut	assis
ns	eûmes	assis
vs	eûtes	assis
ils	eurent	assis

Futur simple

j'	assiérai
tu	assiéras
il	assiéra
ns	assiérons
vs	assiérez
ils	assiéront
ou j'	*assoirai*

Futur antérieur

j'	aurai	assis
tu	auras	assis
il	aura	assis
ns	aurons	assis
vs	aurez	assis
ils	auront	assis

SUBJONCTIF

Présent

que j'	asseye
que tu	asseyes
qu' il	asseye
que ns	asseyions
que vs	asseyiez
qu' ils	asseyent
ou que j'	*assoie*

Imparfait

que j'	*assisse*
que tu	*assisses*
qu' il	*assît*
que ns	*assissions*
que vs	*assissiez*
qu' ils	*assissent*

Passé

que .j'	aie	assis
que tu	aies	assis
qu' il	ait	assis
que ns	ayons	assis
que vs	ayez	assis
qu' ils	aient	assis

Plus-que-parfait

que j'	*eusse*	*assis*
que tu	*eusses*	*assis*
qu' il	*eût*	*assis*
que ns	*eussions*	*assis*
que vs	*eussiez*	*assis*
qu' ils	*eussent*	*assis*

CONDITIONNEL

Présent

j'	assiérais
tu	assiérais
il	assiérait
ns	assiérions
vs	assiériez
ils	assiéraient
ou j'	*assoirais*

Passé 1re forme

j'aurais assis, *etc*

Passé 2e forme

j'eusse assis, etc.

IMPÉRATIF

Présent

assieds, asseyons, asseyez
ou assois, assoyons, assoyez

Passé

aie assis, ayons assis, ayez assis

INFINITIF

Présent

asseoir

Passé

avoir assis

PARTICIPE

Présent

asseyant
ou assoyant

Passé

assis, ise
ayant assis

51/Le verbe surseoir

Surseoir suit la conjugaison de **s'asseoir,** à deux détails près :

1. Surseoir n'a pas de forme en -ie, -ey, mais exclusivement des formes en **-oi, -oy.**

2. Le **e** de l'infinitif se maintient au futur et au conditionnel : je surs**eoi**rai, tu surs**eoi**erais.
D'où les formes propres à **surseoir** dans les temps ci-contre.

52/Les verbes seoir et messeoir

Seoir et **messeoir** sont des verbes archaïques et défectifs.

■ **Seoir**

1. Au sens ancien de **être assis, situé,** ne survit plus que dans le participe, **sis, sise,** du langage juridique : maison sise à Paris (située).

2. Au sens archaïque et rare de aller, convenir, ne s'emploie qu'aux troisièmes personnes du singulier et du pluriel et dans les temps ci-contre.

■ **Messeoir**

Messeoir (ne pas être convenable) s'emploie aux mêmes personnes, aux mêmes temps que **seoir** et se conjugue exactement comme lui. On notera toutefois que le participe présent est toujours **messéant.**

INDICATIF

Présent	**Imparfait**	**Futur simple**
je sursois	je sursoyais	je surseoirai
tu sursois	tu sursoyais	tu surseoiras
il sursoit	il sursoyait	il surseoira
ns sursoyons	ns sursoyions	ns surseoirons
vs sursoyez	vs sursoyiez	vs surseoirez
ils sursoient	ils sursoyaient	ils surseoiront

SUBJONCTIF

Présent

que je sursoie
que tu sursoies
qu' il sursoie
que ns sursoyions
que vs sursoyiez
qu' ils sursoient

CONDITIONNEL

Présent

je surseoirais
tu surseoirais
il surseoirait
ns surseoirions
vs surseoiriez
ils surseoiraient

PARTICIPE

Présent

sursoyant

IMPÉRATIF

Présent

sursois, sursoyons, sursoyez

INDICATIF

Présent	**Imparfait**	**Futur**
il sied	il seyait	il siéra
ils siéent	ils seyaient	ils siéront

SUBJONCTIF

Présent

qu'il siée
qu'ils siéent

CONDITIONNEL

Présent

il siérait
ils siéraient

PARTICIPE

Présent

séant (seyant)

INFINITIF

Présent

seoir

53/Le verbe émouvoir

Se conjuguent sur **émouvoir** : **mouvoir** (2) et **promouvoir** (3).

Remarques :

1. Émouvoir est plus employé que **mouvoir** mettre en mouvement. Mais ses formes sont mal connues et beaucoup préfèrent lui substituer, à la voix active, un verbe du groupe 1 plus facile à conjuguer, comme toucher ou émotionner (encore critiqué par les puristes). En revanche, le participe passé **ému** étant bien connu, la voix passive est normalement utilisée.

2. Mouvoir se conjugue sur **émouvoir,** à un détail près : son participe passé **masculin singulier** prend l'**accent circonflexe** : masculin **mû**; féminin **mue**; pluriel **mus, mues.**

3. Promouvoir suit exactement la conjugaison de **émouvoir.** Ce verbe s'emploie surtout à l'infinitif, aux participes présent et passé, ainsi qu'aux temps composés (actif et passif).

INDICATIF

Présent		**Passé composé**		
j'	émeus	j'	ai	ému
tu	émeus	tu	as	ému
il	émeut	il	a	ému
ns	emouvons	ns	avons	ému
vs	émouvez	vs	avez	érnu
ils	émeuvent	ils	ont	ému

Imparfait		**Plus-que-parfait**		
j'	émouvais	j'	avais	ému
tu	émouvais	tu	avais	ému
il	émouvait	il	avait	ému
ns	émouvions	ns	avions	ému
vs	émouviez	vs	aviez	ému
ils	émouvaient	ils	avaient	ému

Passé simple		**Passé antérieur**		
j'	émus	j'	eus	ému
tu	émus	tu	eus	ému
il	émut	il	eut	ému
ns	émûmes	ns	eûmes	ému
vs	émûtes	vs	eûtes	ému
ils	émurent	ils	eurent	ému

Futur simple		**Futur antérieur**		
j'	émouvrai	j'	aurai	ému
tu	émouvras	tu	auras	ému
il	émouvra	il	aura	ému
ns	émouvrons	ns	aurons	ému
vs	émouvrez	vs	aurez	ému
ils	émouvront	ils	auront	ému

SUBJONCTIF

Présent		
que	j'	émeuve
que	tu	émeuves
qu'	il	émeuve
que	ns	émouvions
que	vs	émouviez
qu'	ils	émeuvent

Imparfait		
que	j'	émusse
que	tu	émusses
qu'	il	émût
que	ns	émussions
que	vs	émussiez
qu'	ils	émussent

Passé			
que	j'	aie	ému
que	tu	aies	ému
qu'	il	ait	ému
que	ns	ayons	ému
que	vs	ayez	ému
qu'	ils	aient	ému

Plus-que-parfait			
que	j'	eusse	ému
que	tu	eusses	ému
qu'	il	eût	ému
que	ns	eussions	ému
que	vs	eussiez	ému
qu'	ils	eussent	ému

CONDITIONNEL

Présent		**Passé 1re forme**			**Passé 2e forme**		
j'	émouvrais	j'	aurais	ému	j'	eusse	ému
tu	émouvrais	tu	aurais	ému	tu	eusses	ému
il	émouvrait	il	aurait	ému	il	eût	ému
ns	émouvrions	ns	aurions	ému	ns	eussions	ému
vs	émouvriez	vs	auriez	ému	vs	eussiez	ému
ils	émouvraient	ils	auraient	ému	ils	eussent	ému

IMPÉRATIF

Présent	**Passé**
émeus, émouvons, émouvez.	aie ému, ayons ému, ayez ému

INFINITIF

Présent	**Passé**
émouvoir	avoir ému

PARTICIPE

Présent	**Passé**
émouvant	ému, ue, ayant ému

54/ **Les verbes** choir, échoir, déchoir
(défectifs)

1. **Verbe** choir **(tomber)**

■ Ce verbe est vieux et, de nos jours, ne s'emploie plus pratiquement qu'à l'infinitif.

■ Les formes composées, si on les emploie, doivent prendre l'auxiliaire **être.**

Remarque :

(1) On trouve, mais elles sont extrêmement rares, les formes archaïques : je cherrai..., je cherrais...

2. **Verbe** échoir **(arriver, arriver à l'échéance)**

Aux temps composés, ce verbe prend toujours l'auxiliaire **être.**

Remarque :

(2) On trouve, mais elles sont extrêmement rares, les formes archaïques : il échet, ils échéent, il écherra, il écherrait, etc.

3. **Verbe** déchoir **(décliner, descendre, tomber,** au sens figuré)

Remarques :

(1) On trouve très rarement, les formes archaïques : je décherrai, je décherrais.

(2) Ce verbe fait partie des intransitifs qui prennent pour auxiliaire tantôt **avoir,** tantôt **être** (cf. p. 17, 2ᵉ alternance) :
— **avoir,** lorsqu'on envisage l'action : depuis sa maladie, il **a déchu** de jour en jour ;
— **être,** pour exprimer l'état qui en résulte : depuis ce scandale, il **est déchu** de son prestige.

CHOIR

INDICATIF

Présent	Passé simple	Futur simple
je chois	je chus	je choirai (1)
tu chois	il chut	etc.
il choit		
ils choient	ils churent	

SUBJONCTIF

Imparfait

qu'il chût

INFINITIF	PARTICIPE	TEMPS COMPOSÉS	CONDITIONNEL
Présent	**Passé**	*(assez rares :*	**Présent**
choir	chu, ue	auxil. *être)*	je choirais (1)
			etc.

ÉCHOIR

INDICATIF

Présent	Passé simple	Futur simple
il échoit (2)	il échut	il échoira (2)
ils échoient (2)	ils échurent	ils échoiront (2)

SUBJONCTIF

Présent

qu' il échoie

Imparfait

qu' il échût

INFINITIF	PARTICIPE	TEMPS COMPOSÉS	CONDITIONNEL
Présent	**Présent**	*(assez fréquents*	**Présent**
échoir	échéant	auxil. *être)*	il échoirait (2)
	Passé		ils échoiraient (2)
	échu, échue		

DÉCHOIR

INDICATIF

Présent	Passé simple	Futur simple
je déchois	je déchus	je déchoirai
tu déchois	etc.	etc. (1)
il déchoit		
ns déchoyons		
vs déchoyez		
ils déchoient		

SUBJONCTIF

Présent

que je déchoie, etc.
que ns déchoyions, etc.

Imparfait

que je déchusse, etc.

INFINITIF	PARTICIPE	TEMPS COMPOSÉS	CONDITIONNEL
Présent	**Passé**	*assez fréquents*	**Présent**
déchoir	déchu, ue	auxil. *être* et *avoir* (2)	je déchoirais, etc. (1)

55/Les verbes conjugués sur attendre

Se conjuguent sur **attendre** :

A. Des verbes en -endre :

1. **Tendre** et les verbes de sa famille : détendre, distendre, entendre, étendre, prétendre, retendre, sous-entendre, sous-tendre. 2. **Défendre.** 3. **Descendre,** condescendre, redescendre.

* A propos de **descendre** et de **redescendre,** on remarquera que :
a) employés transitivement ils ont évidemment l'auxiliaire **avoir** : il **a descendu** ses valises ; il **a redescendu** l'escalier ;
b) employés intransitivement, ils prennent toujours l'auxiliaire **être** pour marquer le résultat : il **est descendu** depuis une heure, et presque toujours pour indiquer l'action : il **est descendu** à sept heures ; ils **sont redescendus** avec peine après l'ascension de ce pic.

4. **Fendre,** pourfendre, refendre. 5. **Pendre,** apprendre, dépendre, reprendre, suspendre. 6. **Rendre.** 7. **Vendre,** revendre.

B. Des verbes en -andre :

8. **Épandre,** répandre.

C. Des verbes en -ondre :

9. **Fondre,** confondre, morfondre, parfondre, refondre. 10. **Pondre.** 11. **Répondre,** correspondre. 12. **Tondre,** retondre, surtondre.

D. Des verbes en -erdre :

13. **Perdre,** reperdre.

E. Des verbes en -ordre :

14. **Mordre,** démordre, remordre. 15. **Tordre,** détordre, retordre.

F. Des verbes en -ompre :

16. **Rompre,** corrompre, interrompre.

* **Mais, attention !** ces derniers verbes s'écartent de la conjugaison de **attendre** à la 3e personne du singulier du présent indicatif : la consonne finale est un **t** (et non un **d**) : il rompt**,** il corrompt**,** il interrompt**.**

Remarques :

1. Tous ces verbes (sauf ceux de la catégorie **F**) sont des verbes en **-dre.** Mais il y a d'autres verbes en **-dre** qui se conjuguent différemment (voir tableaux 56 à 59).
2. Il y a un certain nombre de verbes en **-endre** qui ne se conjuguent pas sur **attendre** : il s'agit de **prendre** et de ses composés (tableau 56).

ATTENDRE

INDICATIF

Présent

j'	attend s
tu	attend s
il	attend
ns	attend ons
vs	attend ez
ils	attend ent

Passé composé

j'	ai	attendu
tu	as	attendu
il	a	attendu
ns	avons	attendu
vs	avez	attendu
ils	ont	attendu

Imparfait

j'	attend ais
tu	attend ais
il	attend ait
ns	attend ions
vs	attend iez
ils	attend aient

Plus-que-parfait

j'	avais	attendu
tu	avais	attendu
il	avait	attendu
ns	avions	attendu
vs	aviez	attendu
ils	avaient	attendu

Passé simple

j'	attend is
tu	attend is
il	attend it
ns	attend îmes
vs	attend îtes
ils	attend irent

Passé antérieur

j'	eus	attendu
tu	eus	attendu
il	eut	attendu
ns	eûmes	attendu
vs	eûtes	attendu
ils	eurent	attendu

Futur simple

j'	attend rai
tu	attend ras
il	attend ra
ns	attend rons
vs	attend rez
ils	attend ront

Futur antérieur

j'	aurai	attendu
tu	auras	attendu
il	aura	attendu
ns	aurons	attendu
vs	aurez	attendu
ils	auront	attendu

SUBJONCTIF

Présent

que j'	attend e
que tu	attend es
qu' il	attend e
que ns	attend ions
que vs	attend iez
qu' ils	attend ent

Imparfait

que j'	attend isse
que tu	attend isses
qu' il	attend ît
que ns	attend issions
que vs	attend issiez
qu' ils	attend issent

Passé

que j'	aie	attendu
que tu	aies	attendu
qu' il	ait	attendu
que ns	ayons	attendu
que vs	ayez	attendu
qu' ils	aient	attendu

Plus-que-parfait

que j'	eusse	attendu
que tu	eusses	attendu
qu' il	eût	attendu
que ns	eussions	attendu
que vs	eussiez	attendu
qu' ils	eussent	attendu

CONDITIONNEL

Présent

j'	attend rais
tu	attend rais
il	attend rait
ns	attend rions
vs	attend riez
ils	attend raient

Passé 1re forme

j'	aurais	attendu
tu	aurais	attendu
il	aurait	attendu
ns	aurions	attendu
vs	auriez	attendu
ils	auraient	attendu

Passé 2e forme

j'	eusse	attendu
tu	eusses	attendu
il	eût	attendu
ns	eussions	attendu
vs	eussiez	attendu
ils	eussent	attendu

IMPÉRATIF

Présent

attend s, attend ons, attend ez

Passé

aie attendu, ayons attendu, ayez attendu

INFINITIF

Présent

attendre

Passé

avoir attendu

PARTICIPE

Présent

attend ant

Passé

attend u, ue
ayant attendu

56/Le verbe prendre et sa famille

■ **Prendre** est un verbe très fréquent, sur le modèle duquel se conjuguent une dizaine de composés : apprendre, comprendre, déprendre (se), désapprendre, entreprendre, éprendre (s'), méprendre (se), réapprendre ou rapprendre, reprendre, surprendre.

* *Attention !*
Les autres verbes en **-endre** se conjuguent sur **attendre** (tableau 55).

INDICATIF

Présent		**Passé composé**		
je	prend s	j'	ai	pris
tu	prend s	tu	as	pris
il	prend	il	a	pris
ns	pren ons	ns	avons	pris
vs	pren ez	vs	avez	pris
ils	prenn ent	ils	ont	pris

Imparfait		**Plus-que-parfait**		
je	pren ais	j'	avais	pris
tu	pren ais	tu	avais	pris
il	pren ait	il	avait	pris
ns	pren ions	ns	avions	pris
vs	pren iez	vs	aviez	pris
ils	pren aient	ils	avaient	pris

Passé simple		**Passé antérieur**		
je	pris	j'	eus	pris
tu	pris	tu	eus	pris
il	prit	il	eut	pris
ns	prîmes	ns	eûmes	pris
vs	prîtes	vs	eûtes	pris
ils	prirent	ils	eurent	pris

Futur simple		**Futur antérieur**		
je	prend rai	j'	aurai	pris
tu	prend ras	tu	auras	pris
il	prend ra	il	aura	pris
ns	prend rons	ns	aurons	pris
vs	prend rez	vs	aurez	pris
ils	prend ront	ils	auront	pris

SUBJONCTIF

Présent		
que	je	prenn e
que	tu	prenn es
qu'	il	prenn e
que	ns	pren ions
que	vs	pren iez
qu'	ils	prenn ent

Imparfait		
que	*je*	*pr isse*
que	*tu*	*pr isses*
qu'	*il*	*pr ît*
que	*ns*	*pr issions*
que	*vs*	*pr issiez*
qu'	*ils*	*pr issent*

Passé			
que	j'	aie	pris
que	tu	aies	pris
qu'	il	ait	pris
que	ns	ayons	pris
que	vs	ayez	pris
qu'	ils	aient	pris

Plus-que-parfait			
que	*j'*	*eusse*	*pris*
que	*tu*	*eusses*	*pris*
qu'	*il*	*eût*	*pris*
que	*ns*	*eussions*	*pris*
que	*vs*	*eussiez*	*pris*
qu'	*ils*	*eussent*	*pris*

CONDITIONNEL

Présent		**Passé 1re forme**			**Passé 2e forme**		
je	prend rais	j'	aurais	pris	*j'*	*eusse*	*pris*
tu	prend rais	tu	aurais	pris	*tu*	*eusses*	*pris*
il	prend rait	il	aurait	pris	*il*	*eût*	*pris*
ns	prend rions	ns	aurions	pris	*ns*	*eussions*	*pris*
vs	prend riez	vs	auriez	pris	*vs*	*eussiez*	*pris*
ils	prend raient	ils	auraient	pris	*ils*	*eussent*	*pris*

IMPÉRATIF

Présent	**Passé**
prend s, pren ons, pren ez	*aie pris, ayons pris, ayez pris*

INFINITIF

Présent	**Passé**
prendre	avoir pris

Participe

Présent	**Passé**
pren ant	pris, prise
	ayant pris

57/Les verbes en -eindre : atteindre

Se conjuguent sur **atteindre** :

1. **Astreindre,** éteindre, restreindre, rétreindre.

2. **Ceindre,** enceindre.

3. **Empreindre** (s'), épreindre.

4. **Enfreindre.**

5. **Éteindre.**

6. **Feindre.**

7. **Geindre.**

8. **Peindre,** dépeindre, repeindre.

9. **Teindre,** déteindre, reteindre.

10. Les trois verbes en **-aindre,** craindre, contraindre, plaindre ; mais nous leur consacrons un tableau spécial (tableau 58), afin de vous aider à ne pas confondre les graphies avec **a** et avec **e** : j'atteins, mais je crains ; j'atteignais, mais je craignais.

INDICATIF

Présent

j'	atteins
tu	atteins
il	atteint
ns	atteignons
vs	atteignez
ils	atteignent

Passé composé

j'	ai	atteint
tu	as	atteint
il	a	atteint
ns	avons	atteint
vs	avez	atteint
ils	ont	atteint

Imparfait

j'	atteignais
tu	atteignais
il	atteignait
ns	atteignions
vs	atteigniez
ils	atteignaient

Plus-que-parfait

j'	avais	atteint
tu	avais	atteint
il	avait	atteint
ns	avions	atteint
vs	aviez	atteint
ils	avaient	atteint

Passé simple

j'	atteignis
tu	atteignis
il	atteignit
ns	atteignîmes
vs	atteignîtes
ils	atteignirent

Passé antérieur

j'	eus	atteint
tu	eus	atteint
il	eut	atteint
ns	eûmes	atteint
vs	eûtes	atteint
ils	eurent	atteint

Futur simple

j'	atteindrai
tu	atteindras
il	atteindra
ns	atteindrons
vs	atteindrez
ils	atteindront

Futur antérieur

j'	aurai	atteint
tu	auras	atteint
il	aura	atteint
ns	aurons	atteint
vs	aurez	atteint
ils	auront	atteint

SUBJONCTIF

Présent

que	j'	atteigne
que	tu	atteignes
qu'	il	atteigne
que	ns	atteignions
que	vs	atteigniez
qu'	ils	atteignent

Imparfait

que	j'	atteignisse
que	tu	atteignisses
qu'	il	atteignît
que	ns	atteignissions
que	vs	atteignissiez
qu'	ils	atteignissent

Passé

que	j'	aie	atteint
que	tu	aies	atteint
qu'	il	ait	atteint
que	ns	ayons	atteint
que	vs	ayez	atteint
qu'	ils	aient	atteint

Plus-que-parfait

que	j'	eusse	atteint
que	tu	eusses	atteint
qu'	il	eût	atteint
que	ns	eussions	atteint
que	vs	eussiez	atteint
qu'	ils	eussent	atteint

CONDITIONNEL

Présent

j'	atteindrais
tu	atteindrais
il	atteindrait
ns	atteindrions
vs	atteindriez
ils	atteindraient

Passé 1ʳᵉ forme

j'	aurais	atteint
tu	aurais	atteint
il	aurait	atteint
ns	aurions	atteint
vs	auriez	atteint
ils	auraient	atteint

Passé 2ᵉ forme

j'	eusse	atteint
tu	eusses	atteint
il	eût	atteint
ns	eussions	atteint
vs	eussiez	atteint
ils	eussent	atteint

IMPÉRATIF

Présent

atteins, atteignons, atteignez

Passé

aie atteint, ayons atteint, ayez atteint

INFINITIF

Présent

atteindre

Passé

avoir atteint

PARTICIPE

Présent

atteignant

Passé

atteint, te
ayant atteint

58/Les verbes en -aindre : craindre

Il s'agit de **craindre, contraindre** et **plaindre**.

La seule différence avec le type précédent (tableau 57 : atteindre) est la présence d'un **a** (et non d'un **e**) dans le radical.

INDICATIF

Présent

je	crain s			
tu	crain s			
il	crain t			
ns	**craign ons**			
vs	craign ez			
ils	craign ent			

Passé composé

j'	ai	craint
tu	as	craint
il	a	craint
ns	avons	craint
vs	avez	craint
ils	ont	craint

Imparfait

je	craign ais
tu	craign ais
il	craign ait
ns	**craign ions**
vs	**craign iez**
ils	craign aient

Plus-que-parfait

j'	avais	craint
tu	avais	craint
il	avait	craint
ns	avions	craint
vs	aviez	craint
ils	avaient	craint

Passé simple

je	**craign is**
tu	craign is
il	**craign it**
ns	craign îmes
vs	craign îtes
ils	craign irent

Passé antérieur

j'	eus	craint
tu	eus	craint
il	**eut**	craint
ns	eûmes	craint
vs	eûtes	craint
ils	eurent	craint

Futur simple

je	craind rai
tu	craind ras
il	craind ra
ns	craind rons
vs	craind rez
ils	craind ront

Futur antérieur

j'	aurai	craint
tu	auras	craint
il	aura	craint
ns	aurons	craint
vs	aurez	craint
ils	auront	craint

SUBJONCTIF

Présent

que	**je**	**craign e**
que	tu	craign es
qu'	il	craign e
que	**ns**	**craign ions**
que	**vs**	**craign iez**
qu'	ils	craign ent

Imparfait

que	*je*	*craign isse*
que	*tu*	*craign isses*
qu'	*il*	**craign ît**
que	*ns*	*craign issions*
que	*vs*	*craign issiez*
qu'	*ils*	*craign issent*

Passé

que	j'	aie	craint
que	tu	aies	craint
qu'	il	ait	craint
que	ns	ayons	craint
que	vs	ayez	craint
qu'	ils	aient	craint

Plus-que-parfait

que	*j'*	*eusse*	*craint*
que	*tu*	*eusses*	*craint*
qu'	*il*	**eût**	*craint*
que	*ns*	*eussions*	*craint*
que	*vs*	*eussiez*	*craint*
qu'	*ils*	*eussent*	*craint*

CONDITIONNEL

Présent

je	craind rais
tu	craind rais
il	craind rait
ns	craind rions
vs	craind riez
ils	craind raient

Passé 1re forme

j'	aurais	craint
tu	aurais	craint
il	aurait	craint
ns	aurions	craint
vs	auriez	craint
ils	auraient	craint

Passé 2e forme

j'	*eusse*	*craint*
tu	*eusses*	*craint*
il	*eût*	*craint*
ns	*eussions*	*craint*
vs	*eussiez*	*craint*
ils	*eussent*	*craint*

IMPÉRATIF

Présent

crain s, craign ons, craign ez

Passé

aie craint, ayons craint, ayez craint

INFINITIF

Présent

craindre

Passé

avoir craint

PARTICIPE

Présent

craign ant

Passé

crain t, ainte, ayant craint

59/Les verbes en -oindre : joindre

Sur ce modèle se conjuguent :

1. Les verbes de la famille de **joindre** : adjoindre, conjoindre, disjoindre, enjoindre, rejoindre.

2. Oindre, verbe vieux et rare.

3. Poindre, verbe vieux et assez rare :

a) au sens intransitif de commencer à paraître, il ne s'emploie guère qu'aux 3es personnes suivantes : l'aube **point, poindra, poindrait** (littéraire). On le remplace souvent par **pointer** (groupe 1) ;

b) au sens transitif de piquer, blesser, faire souffrir, on trouve surtout les formes simples : une grande tristesse le **poignait** (littéraire). On le remplace parfois par **piquer** ou **percer** (groupe 1). Le participe présent adjectif **poignant** est assez usuel. Mais *poigner, formé sur ce participe, est un grossier barbarisme.

INDICATIF

Présent		**Passé composé**	
je joins	j'	ai	joint
tu joins	tu	as	joint
il joint	il	a	joint
ns joignons	ns	avons	joint
vs joignez	vs	avez	joint
ils joignent	ils	ont	joint

Imparfait		**Plus-que-parfait**	
je joignais	j'	avais	joint
tu joignais	tu	avais	joint
il joignait	il	avait	joint
ns joignions	ns	avions	joint
vs joigniez	vs	aviez	joint
ils joignaient	ils	avaient	joint

Passé simple		**Passé antérieur**	
je joignis	j'	eus	joint
tu joignis	tu	eus	joint
il joignit	il	eut	joint
ns joignîmes	ns	eûmes	joint
vs joignîtes	vs	eûtes	joint
ils joignirent	ils	eurent	joint

Futur simple		**Futur antérieur**	
je joindrai	j'	aurai	joint
tu joindras	tu	auras	joint
il joindra	il	aura	joint
ns joindrons	ns	aurons	joint
vs joindrez	vs	aurez	joint
ils joindront	ils	auront	joint

SUBJONCTIF

Présent	
que je joigne	
que tu joignes	
qu' il joigne	
que ns joignions	
que vs joigniez	
qu' ils joignent	

Imparfait	
que je joignisse	
que tu joignisses	
qu' il joignît	
que ns joignissions	
que vs joignissiez	
qu' ils joignissent	

Passé		
que j'	aie	joint
que tu	aies	joint
qu' il	ait	joint
que ns	ayons	joint
que vs	ayez	joint
qu' ils	aient	joint

Plus-que-parfait		
que j'	eusse	joint
que tu	eusses	joint
qu' il	eût	joint
que ns	eussions	joint
que vs	eussiez	joint
qu' ils	eussent	joint

CONDITIONNEL

Présent	**Passé 1ʳᵉ forme**			**Passé 2ᵉ forme**	
je joindrais	j'	aurais	joint	j' eusse	joint
tu joindrais	tu	aurais	joint	tu eusses	joint
il joindrait	il	aurait	joint	il eût	joint
ns joindrions	ns	aurions	joint	ns eussions	joint
vs joindriez	vs	auriez	joint	vs eussiez	joint
ils joindraient	ils	auraient	joint	ils eussent	joint

IMPÉRATIF

Présent	**Passé**
joins, joignons, joignez	aie joint, ayons joint, ayez joint

INFINITIF

Présent	**Passé**
joindre	avoir joint

PARTICIPE

Présent	**Passé**
joignant	joint, te
	ayant joint

60/Les verbes vaincre et convaincre

■ **Vaincre** fait : il vain**c** à la 3e personne du singulier du présent de l'indicatif.

■ Notez bien que le **c** de **vaincre** se change en **qu devant une voyelle,** sauf naturellement devant **u** : vain**c**u.

■ Ne confondez pas l'orthographe du participe présent de **convaincre,** convain**quant**, avec celle de l'adjectif verbal correspondant, convain**cant** : des arguments convain**cants**.

60

INDICATIF

Présent		**Passé composé**		
je	vain cs	j'	ai	vaincu
tu	vain cs	tu	as	vaincu
il	vain c	il	a	vaincu
ns	vain quons	ns	avons	vaincu
vs	vain quez	vs	avez	vaincu
ils	vain quent	ils	ont	vaincu

Imparfait		**Plus-que-parfait**		
je	vain quais	j'	avais	vaincu
tu	vain quais	tu	avais	vaincu
il	vain quait	il	avait	vaincu
ns	vain quions	ns	avions	vaincu
vs	vain quiez	vs	aviez	vaincu
ils	vain quaient	ils	avaient	vaincu

Passé simple		**Passé antérieur**		
je	vain quis	j'	eus	vaincu
tu	vain quis	tu	eus	vaincu
il	vain quit	il	eut	vaincu
ns	vain quîmes	ns	eûmes	vaincu
vs	vain quîtes	vs	eûtes	vaincu
ils	vain quirent	ils	eurent	vaincu

Futur simple		**Futur antérieur**		
je	vain crai	j'	aurai	vaincu
tu	vain cras	tu	auras	vaincu
il	vain cra	il	aura	vaincu
ns	vain crons	ns	aurons	vaincu
vs	vain crez	vs	aurez	vaincu
ils	vain cront	ils	auront	vaincu

SUBJONCTIF

Présent		
que	je	vain que
que	tu	vain ques
qu'	il	vain que
que	ns	vain quions
que	vs	vain quiez
qu'	ils	vain quent

Imparfait		
que	je	vain quisse
que	tu	vain quisses
qu'	il	vain quît
que	ns	vain quissions
que	vs	vain quissiez
qu'	ils	vain quissent

Passé			
que	j'	aie	vaincu
que	tu	aies	vaincu
qu'	il	ait	vaincu
que	ns	ayons	vaincu
que	vs	ayez	vaincu
qu'	ils	aient	vaincu

Plus-que-parfait			
que	j'	eusse	vaincu
que	tu	eusses	vaincu
qu'	il	eût	vaincu
que	ns	eussions	vaincu
que	vs	eussiez	vaincu
qu'	ils	eussent	vaincu

CONDITIONNEL

Présent		**Passé 1re forme**			**Passé 2e forme**		
je	vain crais	j'	aurais	vaincu	j'	eusse	vaincu
tu	vain crais	tu	aurais	vaincu	tu	eusses	vaincu
il	vain crait	il	aurait	vaincu	il	eût	vaincu
ns	vain crions	ns	aurions	vaincu	ns	eussions	vaincu
vs	vain criez	vs	auriez	vaincu	vs	eussiez	vaincu
ils	vain craient	ils	auraient	vaincu	ils	eussent	vaincu

IMPÉRATIF

Présent	**Passé**
vain cs, vain quons, vain quez	aie vaincu, ayons vaincu, ayez vaincu

INFINITIF

Présent	**Passé**
vaincre	avoir vaincu

PARTICIPE

Présent	**Passé**
vain quant	vain cu, ue
	ayant vaincu

61/Le verbe faire

Se conjuguent sur **faire** (un des verbes les plus employés) une dizaine de dérivés :

1. Contrefaire, défaire, redéfaire, satisfaire, surfaire.

2. Parfaire :
Ce verbe, qui signifie achever, n'est plus guère utilisé qu'à l'infinitif, au participe passé et aux temps composés, et quelquefois au présent de l'indicatif.

3. Forfaire :
Ce verbe, défectif, n'a plus que l'infinitif, les 3 personnes du singulier du présent de l'indicatif et tous les temps composés : il a forfait à l'honneur (Académie).

4. Malfaire (faire mal) et **méfaire** (faire du mal) rares, et utilisés seulement à l'infinitif.

* *Attention !*

1. A vous faites (sans accent circonflexe, comme vous dites).

2. A la discordance entre l'orthographe et la prononciation dans : nous faisons, je faisais, faisant ; **ai** se prononce comme un **e muet** [ə] (comme dans premier).

61

FAIRE

INDICATIF

Présent		**Passé composé**		
je	fais	j'	ai	fait
tu	fais	tu	as	fait
il	fait	il	a	fait
ns	faisons	ns	avons	fait
vs	faites	vs	avez	fait
ils	font	ils	ont	fait

Imparfait		**Plus-que-parfait**		
je	faisais	j'	avais	fait
tu	faisais	tu	avais	fait
il	faisait	il	avait	fait
ns	faisions	ns	avions	fait
vs	faisiez	vs	aviez	fait
ils	faisaient	ils	avaient	fait

Passé simple		**Passé antérieur**		
je	fis	j'	eus	fait
tu	fis	tu	eus	fait
il	fit	il	eut	fait
ns	fîmes	ns	eûmes	fait
vs	fîtes	vs	eûtes	fait
ils	firent	ils	eurent	fait

Futur simple		**Futur antérieur**		
je	ferai	j'	aurai	fait
tu	feras	tu	auras	fait
il	fera	il	aura	fait
ns	ferons	ns	aurons	fait
vs	ferez	vs	aurez	fait
ils	feront	ils	auront	fait

SUBJONCTIF

Présent		
que	je	fasse
que	tu	fasses
qu'	il	fasse
que	ns	fassions
que	vs	fassiez
qu'	ils	fassent

Imparfait		
que	je	fisse
que	tu	fisses
qu'	il	fît
que	ns	fissions
que	vs	fissiez
qu'	ils	fissent

Passé			
que	j'	aie	fait
que	tu	aies	fait
qu'	il	ait	fait
que	ns	ayons	fait
que	vs	ayez	fait
qu'	ils	aient	fait

Plus-que-parfait			
que	j'	eusse	fait
que	tu	eusses	fait
qu'	il	eût	fait
que	ns	eussions	fait
que	vs	eussiez	fait
qu'	ils	eussent	fait

CONDITIONNEL

Présent		**Passé 1re forme**			**Passé 2e forme**		
je	ferais	j'	aurais	fait	j'	eusse	fait
tu	ferais	tu	aurais	fait	tu	eusses	fait
il	ferait	il	aurait	fait	il	eût	fait
ns	ferions	ns	aurions	fait	ns	eussions	fait
vs	feriez	vs	auriez	fait	vs	eussiez	fait
ils	feraient	ils	auraient	fait	ils	eussent	fait

IMPÉRATIF

Présent	**Passé**
fais, faisons, faites	aie fait, ayons fait, ayez fait

INFINITIF

Présent	**Passé**
faire	avoir fait

PARTICIPE

Présent	**Passé**
faisant	fait, te, ayant fait

62/Le verbe distraire

Se conjuguent sur **distraire** :

1. Traire, verbe assez rare, et ses composés beaucoup plus usuels : abstraire, extraire, soustraire.

2. Braire, qui n'est guère employé qu'à l'infinitif et aux 3es personnes du singulier et du pluriel de l'indicatif présent : brait, braient, du futur : braira, brairont et du conditionnel : brairait, brairaient.

Remarques :

1. Ces verbes n'ont ni passé simple, ni subjonctif imparfait.

2. Le groupe **-ay-** dans les formes en **-ayons**, **-ayez**, **-ayions**, **-ayiez**, **-ayant**, est prononcé [εj] c'est-à-dire **è** ouvert plus yod, exactement comme dans **ayons**, **ayez**, **ayant** du verbe **avoir**.

INDICATIF

Présent		**Passé composé**	
je distr ais	j'	ai	distrait
tu distr ais	tu	as	distrait
il distr ait	il	a	distrait
ns distr ayons	ns	avons	distrait
vs distr ayez	vs	avez	distrait
ils distr aient	ils	ont	distrait

Imparfait		**Plus-que-parfait**	
je distr ayais	j'	avais	distrait
tu distr ayais	tu	avais	distrait
il distr ayait	il	avait	distrait
ns distr ayions	ns	avions	distrait
vs distr ayiez	vs	aviez	distrait
ils distr ayaient	ils	avaient	distrait

Passé simple		**Passé antérieur**	
	j'	eus	distrait
	tu	eus	distrait
(inusité)	il	eut	distrait
	ns	eûmes	distrait
	vs	eûtes	distrait
	ils	eurent	distrait

Futur simple		**Futur antérieur**	
je distr airai	j'	aurai	distrait
tu distr airas	tu	auras	distrait
il distr aira	il	aura	distrait
ns distr airons	ns	aurons	distrait
vs distr airez	vs	aurez	distrait
ils distr airont	ils	auront	distrait

SUBJONCTIF

Présent		
que je distr aie		
que tu distr aies		
qu' il distr aie		
que ns distr ayions		
que vs distr ayiez		
qu' ils distr aient		

Imparfait

(inusité)

Passé			
que j'	aie	distrait
que tu	aies	distrait
qu' il	ait	distrait
que ns	ayons	distrait
que vs	ayez	distrait
qu' ils	aient	distrait

Plus-que-parfait			
que j'	*eusse*	*distrait*
que tu	*eusses*	*distrait*
qu' il	*eût*	*distrait*
que ns	*eussions*	*distrait*
que vs	*eussiez*	*distrait*
qu' ils	*eussent*	*distrait*

CONDITIONNEL

Présent		**Passé 1re forme**		**Passé 2e forme**	
je distr airais	j'	aurais	distrait	*j'*	*eusse*	*distrait*
tu distr airais	tu	aurais	distrait	*tu*	*eusses*	*distrait*
il distr airait	il	aurait	distrait	*il*	*eût*	*distrait*
ns distr airions	ns	aurions	distrait	*ns*	*eussions*	*distrait*
vs distr airiez	vs	auriez	distrait	*vs*	*eussiez*	*distrait*
ils distr airaient	ils	auraient	distrait	*ils*	*eussent*	*distrait*

IMPÉRATIF

Présent	**Passé**
distrais, distr ayons, distr ayez	*aie distrait, ayons distrait,* *ayez distrait*

INFINITIF

Présent	**Passé**
distraire	avoir distrait

PARTICIPE

Présent	**Passé**
distr ayant	distrait, aite ayant distrait

63/Le verbe plaire

Se conjuguent sur ce modèle :

■ Les deux composés de **plaire** : déplaire, complaire.

■ Le verbe **taire**, le plus souvent à la forme pronominale **se taire**.

Remarques :

1. Une différence orthographique distingue **taire** de **plaire** à la 3e personne du singulier de l'indicatif présent :
il se tait diffère de il plaît par l'absence d'accent circonflexe sur le **i**.

2. Accord du participe passé à la forme pronominale :

a) **plu** est en principe toujours invariable : elles se sont plu à (cf. p. 29) ;

b) **tu** s'accorde toujours en genre et en nombre avec le sujet : elle s'est tue ; elles se sont tues ;

c) **déplu** et **complu** sont en principe invariables, comme **plu**, mais de bons écrivains font quelquefois l'accord.

INDICATIF			
Présent		**Passé composé**	
je plais		j' ai plu	
tu plais		tu as plu	
il plaît		il a plu	
ns plaisons		ns avons plu	
vs plaisez		vs avez plu	
ils plaisent		ils ont plu	
Imparfait		**Plus-que-parfait**	
je plaisais		j' avais plu	
tu plaisais		tu avais plu	
il plaisait		il avait plu	
ns plaisions		ns avions plu	
vs plaisiez		vs aviez plu	
ils plaisaient		ils avaient plu	
Passé simple		**Passé antérieur**	
je plus		j' eus plu	
tu plus		tu eus plu	
il plut		il eut plu	
ns plûmes		ns eûmes plu	
vs plûtes		vs eûtes plu	
ils plurent		ils eurent plu	
Futur simple		**Futur antérieur**	
je plairai		j' aurai plu	
tu plairas		tu auras plu	
il plaira		il aura plu	
ns plairons		ns aurons plu	
vs plairez		vs aurez plu	
ils plairont		ils auront plu	

SUBJONCTIF		
Présent		
que je plaise		
que tu plaises		
qu' il plaise		
que ns plaisions		
que vs plaisiez		
qu' ils plaisent		
Imparfait		
que je plusse		
que tu plusses		
qu' il plût		
que ns plussions		
que vs plussiez		
qu' ils plussent		
Passé		
que j' aie plu		
que tu aies plu		
qu' il ait plu		
que ns ayons plu		
que vs ayez plu		
qu' ils aient plu		
Plus-que-parfait		
que j' eusse plu		
que tu eusses plu		
qu' il eût plu		
que ns eussions plu		
que vs eussiez plu		
qu' ils eussent plu		

CONDITIONNEL				
Présent		**Passé 1re forme**		**Passé 2e forme**
je plairais		j' aurais plu		*j' eusse plu*
tu plairais		tu aurais plu		*tu eusses plu*
il plairait		il aurait plu		*il eût plu*
ns plairions		ns aurions plu		*ns eussions plu*
vs plairiez		vs auriez plu		*vs eussiez plu*
ils plairaient		ils auraient plu		*ils eussent plu*

IMPÉRATIF	
Présent	**Passé**
plais, plaisons, plaisez	*aie plu, ayons plu, ayez plu*

INFINITIF		PARTICIPE	
Présent	**Passé**	**Présent**	**Passé**
plaire	avoir plu	plaisant	plu *(invariable)*
			ayant plu

64/Le verbe mettre

Se conjuguent sur **mettre**, verbe très employé, les verbes de sa famille : admettre, commettre, compromettre, démettre, émettre, entremettre (s'), omettre, permettre, promettre, réadmettre, remettre, retransmettre, soumettre, transmettre.

INDICATIF

Présent			**Passé composé**		
je	mets		j'	ai	mis
tu	mets		tu	as	mis
il	met		il	a	mis
ns	mettons		ns	avons	mis
vs	mettez		vs	avez	mis
ils	mettent		ils	ont	mis

Imparfait			**Plus-que-parfait**		
je	mettais		j'	avais	mis
tu	mettais		tu	avais	mis
il	mettait		il	avait	mis
ns	mettions		ns	avions	mis
vs	mettiez		vs	aviez	mis
ils	mettaient		ils	avaient	mis

Passé simple			**Passé antérieur**		
je	mis		j'	eus	mis
tu	mis		tu	eus	mis
il	mit		il	eut	mis
ns	mîmes		ns	eûmes	mis
vs	mîtes		vs	eûtes	mis
ils	mirent		ils	eurent	mis

Futur simple			**Futur antérieur**		
je	mettrai		j'	aurai	mis
tu	mettras		tu	auras	mis
il	mettra		il	aura	mis
ns	mettrons		ns	aurons	mis
vs	mettrez		vs	aurez	mis
ils	mettront		ils	auront	mis

SUBJONCTIF

Présent		
que	je	mette
que	tu	mettes
qu'	il	mette
que	ns	mettions
que	vs	mettiez
qu'	ils	mettent

Imparfait		
que	je	misse
que	tu	misses
qu'	il	mît
que	ns	missions
que	vs	missiez
qu'	ils	missent

Passé			
que	j'	aie	mis
que	tu	aies	mis
qu'	il	ait	mis
que	ns	ayons	mis
que	vs	ayez	mis
qu'	ils	aient	mis

Plus-que-parfait			
que	j'	eusse	mis
que	tu	eusses	mis
qu'	il	eût	mis
que	ns	eussions	mis
que	vs	eussiez	mis
qu'	ils	eussent	mis

CONDITIONNEL

Présent			**Passé 1re forme**			**Passé 2e forme**		
je	mettrais		j'	aurais	mis	j'	eusse	mis
tu	mettrais		tu	aurais	mis	tu	eusses	mis
il	mettrait		il	aurait	mis	il	eût	mis
ns	mettrions		ns	aurions	mis	ns	eussions	mis
vs	mettriez		vs	auriez	mis	vs	eussiez	mis
ils	mettraient		ils	auraient	mis	ils	eussent	mis

IMPÉRATIF

Présent	**Passé**
mets, mettons, mettez	*aie mis, ayons mis, ayez mis*

INFINITIF

Présent	**Passé**
mettre	avoir mis

PARTICIPE

Présent	**Passé**
mettant	mis, ise
	ayant mis

65/Le verbe battre

Se conjuguent sur **battre** les verbes de sa famille : abattre, combattre, contrebattre, débattre, ébattre (s'), embattre, rabattre, rebattre.

* *Attention !*
Aux **-tt-** du radical (malgré bataille).

INDICATIF

Présent		**Passé composé**		
je	bats	j'	ai	battu
tu	bats	tu	as	battu
il	bat	il	a	battu
ns	batt ons	ns	avons	battu
vs	batt ez	vs	avez	battu
ils	batt ent	ils	ont	battu

Imparfait		**Plus-que-parfait**		
je	batt ais	j'	avais	battu
tu	batt ais	tu	avais	battu
il	batt ait	il	avait	battu
ns	batt ions	ns	avions	battu
vs	batt iez	vs	aviez	battu
ils	batt aient	ils	avaient	battu

Passé simple		**Passé antérieur**		
je	batt is	j'	eus	battu
tu	batt is	tu	eus	battu
il	batt it	il	eut	battu
ns	batt îmes	ns	eûmes	battu
vs	batt îtes	vs	eûtes	battu
ils	batt irent	ils	eurent	battu

Futur simple		**Futur antérieur**		
je	batt rai	j'	aurai	battu
tu	batt ras	tu	auras	battu
il	batt ra	il	aura	battu
ns	batt rons	ns	aurons	battu
vs	batt rez	vs	aurez	battu
ils	batt ront	ils	auront	battu

SUBJONCTIF

Présent		
que	je	batt e
que	tu	batt es
qu'	il	batt e
que	ns	batt ions
que	vs	batt iez
qu'	ils	batt ent

Imparfait		
que	*je*	*batt isse*
que	*tu*	*batt isses*
qu'	*il*	*batt ît*
que	*ns*	*batt issions*
que	*vs*	*batt issiez*
qu'	*ils*	*batt issent*

Passé			
que	j'	aie	battu
que	tu	aies	battu
qu'	il	ait	battu
que	ns	ayons	battu
que	vs	ayez	battu
qu'	ils	aient	battu

Plus-que-parfait			
que	*j'*	*eusse*	*battu*
que	*tu*	*eusses*	*battu*
qu'	*il*	*eût*	*battu*
que	*ns*	*eussions*	*battu*
que	*vs*	*eussiez*	*battu*
qu'	*ils*	*eussent*	*battu*

CONDITIONNEL

Présent		**Passé 1ʳᵉ forme**			**Passé 2ᵉ forme**		
je	batt rais	j'	aurais	battu	*j'*	*eusse*	*battu*
tu	batt rais	tu	aurais	battu	*tu*	*eusses*	*battu*
il	batt rait	il	aurait	battu	*il*	*eût*	*battu*
ns	batt rions	ns	aurions	battu	*ns*	*eussions*	*battu*
vs	batt riez	vs	auriez	battu	*vs*	*eussiez*	*battu*
ils	batt raient	ils	auraient	battu	*ils*	*eussent*	*battu*

IMPÉRATIF

Présent	**Passé**
bats, batt ons, battez	*aie battu, ayons battu, ayez battu*

INFINITIF

Présent	**Passé**
battre	avoir battu

PARTICIPE

Présent	**Passé**
batt ant	batt u, ue ayant battu

66/Le verbe suivre

■ Se conjuguent sur **suivre** les verbes de sa famille : poursuivre et s'ensuivre.

■ **S'ensuivre** (auxiliaire **être**) ne s'emploie qu'à l'infinitif et aux 3es personnes du singulier et du pluriel : il **s'ensuit** que... ; un grand malheur **s'en est ensuivi**, etc.

INDICATIF

Présent
je	suis
tu	suis
il	suit
ns	suiv ons
vs	suiv ez
ils	suiv ent

Passé composé
j'	ai	suivi
tu	as	suivi
il	a	suivi
ns	avons	suivi
vs	avez	suivi
ils	ont	suivi

Imparfait
je	suiv ais
tu	suiv ais
il	suiv ait
ns	suiv ions
vs	suiv iez
ils	suiv aient

Plus-que-parfait
j'	avais	suivi
tu	avais	suivi
il	avait	suivi
ns	avions	suivi
vs	aviez	suivi
ils	avaient	suivi

Passé simple
je	suiv is
tu	suiv is
il	suiv it
ns	suiv îmes
vs	suiv îtes
ils	suiv irent

Futur antérieur
j'	eus	suivi
tu	eus	suivi
il	eut	suivi
ns	eûmes	suivi
vs	eûtes	suivi
ils	eurent	suivi

Futur simple
je	suiv rai
tu	suiv ras
il	suiv ra
ns	suiv rons
vs	suiv rez
ils	suiv ront

Futur antérieur
j'	aurai	suivi
tu	auras	suivi
il	aura	suivi
ns	aurons	suivi
vs	aurez	suivi
ils	auront	suivi

SUBJONCTIF

Présent
que	je	suiv e
que	tu	suiv es
qu'	il	suiv e
que	ns	suiv ions
que	vs	suiv iez
qu'	ils	suiv ent

Imparfait
que	je	suiv isse
que	tu	suiv isses
qu'	il	suiv ît
que	ns	suiv issions
que	vs	suiv issiez
qu'	ils	suiv issent

Passé
que	j'	aie	suivi
que	tu	aies	suivi
qu'	il	ait	suivi
que	ns	ayons	suivi
que	vs	ayez	suivi
qu'	ils	aient	suivi

Plus-que-parfait
que	j'	eusse	suivi
que	tu	eusses	suivi
qu'	il	eût	suivi
que	ns	eussions	suivi
que	vs	eussiez	suivi
qu'	ils	eussent	suivi

CONDITIONNEL

Présent
je	suiv rais
tu	suiv rais
il	suiv rait
ns	suiv rions
vs	suiv riez
ils	suiv raient

Passé 1re forme
j'	aurais	suivi
tu	aurais	su vi
il	aurait	suivi
ns	aurions	suivi
vs	auriez	suivi
ils	auraient	suivi

Passé 2e forme
j'	eusse	suivi
tu	eusses	suivi
il	eût	suivi
ns	eussions	suivi
vs	eussiez	suivi
ils	eussent	suivi

IMPÉRATIF

Présent
suis, suiv ons, suiv ez

Passé
aie suivi, ayons suivi, ayez suivi

INFINITIF

Présent
suivre

Passé
avoir suivi

PARTICIPE

Présent
suivant

Passé
suivi, ie
ayant suivi

67/Le verbe vivre

■ Se conjuguent sur **vivre** les verbes de sa famille : revivre, survivre.

■ Outre le passé simple : je vécus..., retenez bien : il a vécu (en face de : il est mort).

VIVRE

INDICATIF

Présent

je	vis
tu	vis
il	vit
ns	vivons
vs	vivez
ils	vivent

Passé composé

j'	ai	vécu
tu	as	vécu
il	a	vécu
ns	avons	vécu
vs	avez	vécu
ils	ont	vécu

Imparfait

je	vivais
tu	vivais
il	vivait
ns	vivions
vs	viviez
ils	vivaient

Plus-que-parfait

j'	avais	vécu
tu	avais	vécu
il	avait	vécu
ns	avions	vécu
vs	aviez	vécu
ils	avaient	vécu

Passé simple

je	vécus
tu	vécus
il	vécut
ns	vécûmes
vs	vécûtes
ils	vécurent

Passé antérieur

j'	eus	vécu
tu	eus	vécu
il	eut	vécu
ns	eûmes	vécu
vs	eûtes	vécu
ils	eurent	vécu

Futur simple

je	vivrai
tu	vivras
il	vivra
ns	vivrons
vs	vivrez
ils	vivront

Futur antérieur

j'	aurai	vécu
tu	auras	vécu
il	aura	vécu
ns	aurons	vécu
vs	aurez	vécu
ils	auront	vécu

SUBJONCTIF

Présent

que	je	vive
que	tu	vives
qu'	il	vive
que	ns	vivions
que	vs	viviez
qu'	ils	vivent

Imparfait

que	je	vécusse
que	tu	vécusses
qu'	il	vécût
que	ns	vécussions
que	vs	vécussiez
qu'	ils	vécussent

Passé

que	j'	aie	vécu
que	tu	aies	vécu
qu'	il	ait	vécu
que	ns	ayons	vécu
que	vs	ayez	vécu
qu'	ils	aient	vécu

Plus-que-parfait

que	j'	eusse	vécu
que	tu	eusses	vécu
qu'	il	eût	vécu
que	ns	eussions	vécu
que	vs	eussiez	vécu
qu'	ils	eussent	vécu

CONDITIONNEL

Présent

je	vivrais
tu	vivrais
il	vivrait
ns	vivrions
vs	vivriez
ils	vivraient

Passé 1re forme

j'	aurais	vécu
tu	aurais	vécu
il	aurait	vécu
ns	aurions	vécu
vs	auriez	vécu
ils	auraient	vécu

Passé 2e forme

j'	eusse	vécu
tu	eusses	vécu
il	eût	vécu
ns	eussions	vécu
vs	eussiez	vécu
ils	eussent	vécu

IMPÉRATIF

Présent

vis, vivons, vivez

Passé

aie vécu, ayons vécu, ayez vécu

INFINITIF

Présent

vivre

Passé

avoir vécu

PARTICIPE

Présent

vivant

Passé

vécu, ue
ayant vécu

68/Le verbe suffire

On conjugue sur ce verbe type assez fréquent les quelques verbes rares suivants : circoncire, confire, déconfire, frire.

Remarques :

1. Attention à l'orthographe des participes passés qui diffère suivant les verbes : en contraste avec suf**fi** (toujours invariable), on écrit :
circonc**is**,
conf**it**, déconf**it**, fr**it**.

2. Frire est défectif. Les seules formes **possibles** sont les trois personnes du singulier du présent de l'indicatif, la 2e personne du singulier de l'impératif, les temps composés avec **avoir** et, à la rigueur, le futur et le conditionnel. En réalité, ces formes possibles elles-mêmes sont rarement employées et les Français n'utilisent couramment que le participe passé : **frit-frite** et l'infinitif **frire**. Dans l'emploi transitif de **frire**, ils tournent par **faire frire** : on fera frire les poissons. Dans l'emploi intransitif de **frire**, ils tournent par **être en train de frire** : les poissons étaient en train de frire.

INDICATIF

Présent

je	suff is
tu	suff is
il	suff it ...
ns	suff isons
vs	suff isez
ils	suff isent

Passé composé

j'	ai	suffi
tu	as	suffi
il	a	suffi
ns	avons	suffi
vs	avez	suffi
ils	ont	suffi

Imparfait

je	suff isais
tu	suff isais
il	suff isait
ns	suff isions
vs	suff isiez
ils	suff isaient

Plus-que-parfait

j'	avais	suffi
tu	avais	suffi
il	avait	suffi
ns	avions	suffi
vs	aviez	suffi
ils	avaient	suffi

Passé simple

je	suff is
tu	suff is
il	suff it
ns	suff îmes
vs	suff îtes
ils	suff irent

Passé antérieur

j'	eus	suffi
tu	eus	suffi
il	eut	suffi
ns	eûmes	suffi
vs	eûtes	suffi
ils	eurent	suffi

Futur simple

je	suff irai
tu	suff iras
il	suff ira
ns	suff irons
vs	suff irez
ils	suff iront

Futur antérieur

j'	aurai	suffi
tu	auras	suffi
il	aura	suffi
ns	aurons	suffi
vs	aurez	suffi
ils	auront	suffi

SUBJONCTIF

Présent

que	je	suff ise
que	tu	suff ises
qu'	il	suff ise
que	ns	suff isions
que	vs	suff isiez
qu'	ils	suff isent

Imparfait

que	je	suff isse
que	tu	suff isses
qu'	il	suff ît
que	ns	suff issions
que	vs	suff issiez
qu'	ils	suff issent

Imparfait

que	j'	aie	suffi
que	tu	aies	suffi
qu'	il	ait	suffi
que	ns	ayons	suffi
que	vs	ayez	suffi
qu'	ils	aient	suffi

Plus-que-parfait

que	j'	eusse	suffi
que	tu	eusses	suffi
qu'	il	eût	suffi
que	ns	eussions	suffi
que	vs	eussiez	suffi
qu'	ils	eussent	suffi

CONDITIONNEL

Présent

je	suff irais
tu	suff irais
il	suff irait
ns	suff irions
vs	suff iriez
ils	suff iraient

Passé 1re forme

j'	aurais	suffi
tu	aurais	suffi
il	aurait	suffi
ns	aurions	suffi
vs	auriez	suffi
ils	auraient	suffi

Passé 2e forme

j'	eusse	suffi
tu	eusses	suffi
il	eût	suffi
ns	eussions	suffi
vs	eussiez	suffi
ils	eussent	suffi

IMPÉRATIF

Présent

suff is, suff isons, suff isez

Passé

aie suffi, ayons suffi, ayez suffi

INFINITIF

Présent

suffire

Passé

avoir suffi

PARTICIPE

Présent

suff isant

Passé

suffi (invariable)
ayant suffi

69/Le verbe dire

■ **Dire** est, après **faire**, le verbe le plus employé du groupe 3.

■ Se conjuguent sur **dire** les verbes de sa famille : contredire, dédire, interdire, médire, prédire, redire.

Remarques :

1. Attention à l'orthographe de la 2ᵉ personne du pluriel à l'indicatif présent : vous dites ; et à l'impératif dites (comme vous faites, faites).

2. A la même personne, seul **redire** fait : redites ; redites. Les autres composés de **dire** prennent les formes : vous contredisez, vous dédisez, vous interdisez, vous médisez, vous prédisez ; et à l'impératif : contredisez, dédisez, interdisez, médisez, prédisez.

3. Bien que le verbe **maudire** soit composé sur **dire**, il est passé du groupe 3 dans le groupe 2 (type **finir**), et se conjugue donc : nous maudissons, maudissant, etc.
Seul le participe passé : maudit, maudite reste rattaché à **dire** et au groupe 3.

INDICATIF

Présent		Passé composé		
je	dis	j'	ai	dit
tu	dis	tu	as	dit
il	dit	il	a	dit
ns	disons	ns	avons	dit
vs	dites (1)	vs	avez	dit
ils	disent	ils	ont	dit

Imparfait		Plus-que-parfait		
je	disais	j'	avais	dit
tu	disais	tu	avais	dit
il	-disait	il	avait	dit
ns	disions	ns	avions	dit
vs	disiez	vs	aviez	dit
ils	disaient	ils	avaient	dit

Passé simple		Passé antérieur		
je	dis	j'	eus	dit
tu	dis	tu	eus	dit
il	dit	il	eut	dit
ns	dîmes	ns	eûmes	dit
vs	dîtes	vs	eûtes	dit
ils	dirent	ils	eurent	dit

Futur simple		Futur antérieur		
je	dirai	j'	aurai	dit
tu	diras	tu	auras	dit
il	dira	il	aura	dit
ns	dirons	ns	aurons	dit
vs	direz	vs	aurez	dit
ils	diront	ils	auront	dit

SUBJONCTIF

Présent		
que	je	dise
que	tu	dises
qu'	il	dise
que	ns	disions
que	vs	disiez
qu'	ils	disent

Imparfait		
que	*je*	*disse*
que	*tu*	*disses*
qu'	**il**	**dît**
que	*ns*	*dissions*
que	*vs*	*dissiez*
qu'	*ils*	*dissent*

Passé			
que	j'	aie	dit
que	tu	aies	dit
qu'	il	ait	dit
que	ns	ayons	dit
que	vs	ayez	dit
qu'	ils	aient	dit

Plus-que-parfait			
que	*j'*	*eusse*	*dit*
que	*tu*	*eusses*	*dit*
qu'	*il*	**eût**	*dit*
que	*ns*	*eussions*	*dit*
que	*vs*	*eussiez*	*dit*
qu'	*ils*	*eussent*	*dit*

CONDITIONNEL

Présent		Passé 1re forme			Passé 2e forme		
je	dirais	j'	aurais	dit	*j'*	*eusse*	*dit*
tu	dirais	tu	aurais	dit	*tu*	*eusses*	*dit*
il	dirait	il	aurait	dit	*il*	**eût**	*dit*
ns	dirions	ns	aurions	dit	*ns*	*eussions*	*dit*
vs	diriez	vs	auriez	dit	*vs*	*eussiez*	*dit*
ils	diraient	ils	auraient	dit	*ils*	*eussent*	*dit*

IMPÉRATIF

Présent	Passé
dis, disons, **dites** (1)	*aie dit, ayons dit, ayez dit*

INFINITIF

Présent	Passé
dire	avoir dit

PARTICIPE

Présent	Passé
disant	**dit, ite**
	ayant dit

70/Le verbe lire et sa famille

■ Se conjuguent sur **lire** : relire, élire, réélire. Le lien entre **lire** et **relire** est évident.

■ En revanche, le rapport entre **lire** et les autres verbes de sa famille, à savoir **élire** et **réélire**, n'est plus senti, parce que ces deux verbes se rattachent, pour la signification, au sens premier du latin **legere** (choisir).

LIRE

INDICATIF

Présent

je	lis
tu	lis
il	lit
ns	lisons
vs	lisez
ils	lisent

Passé composé

j'	ai	lu
tu	as	lu
il	a	lu
ns	avons	lu
vs	avez	lu
ils	ont	lu

Imparfait

je	lisais
tu	lisais
il	lisait
ns	lisions
vs	lisiez
ils	lisaient

Plus-que-parfait

j'	avais	lu
tu	avais	lu
il	avait	lu
ns	avions	lu
vs	aviez	lu
ils	avaient	lu

Passé simple

je	lus
tu	lus
il	lut
ns	lûmes
vs	lûtes
ils	lurent

Passé antérieur

j'	eus	lu
tu	eus	lu
il	eut	lu
ns	eûmes	lu
vs	eûtes	lu
ils	eurent	lu

Futur simple

je	lirai
tu	liras
il	lira
ns	lirons
vs	lirez
ils	liront

Futur antérieur

j'	aurai	lu
tu	auras	lu
il	aura	lu
ns	aurons	lu
vs	aurez	lu
ils	auront	lu

SUBJONCTIF

Présent

que	je	lise
que	tu	lises
qu'	il	lise
que	ns	lisions
que	vs	lisiez
qu'	ils	lisent

Imparfait

que	je	lusse
que	tu	lusses
qu'	il	lût
que	ns	lussions
que	vs	lussiez
qu'	ils	lussent

Passé

que	j'	aie	lu
que	tu	aies	lu
qu'	il	ait	lu
que	ns	ayons	lu
que	vs	ayez	lu
qu'	ils	aient	lu

Plus-que-parfait

que	j'	eusse	lu
que	tu	eusses	lu
qu'	il	eût	lu
que	ns	eussions	lu
que	vs	eussiez	lu
qu'	ils	eussent	lu

CONDITIONNEL

Présent

je	lirais
tu	lirais
il	lirait
ns	lirions
vs	liriez
ils	liraient

Passé 1re forme

j'	aurais	lu
tu	aurais	lu
il	aurait	lu
ns	aurions	lu
vs	auriez	lu
ils	auraient	lu

Passé 2e forme

j'	eusse	lu
tu	eusses	lu
il	eût	lu
ns	eussions	lu
vs	eussiez	lu
ils	eussent	lu

IMPÉRATIF

Présent

lis, lisons, lisez

Passé

aie lu, ayons lu, ayez lu

INFINITIF

Présent

lire

Passé

avoir lu

PARTICIPE

Présent

lisant

Passé

lu, lue
ayant lu

71/Le verbe écrire

Se conjuguent sur ce verbe :

1. Deux composés où l'on retrouve **écrire** : décrire, récrire.

2. Huit composés en **-scrire** : circonscrire, inscrire, prescrire, proscrire, réinscrire, retranscrire, souscrire, transcrire.

INDICATIF		SUBJONCTIF

Présent

j'	é cris	**Passé composé**		**Présent**	
tu	é cris	j'	ai écrit	que j'	é crive
il	é crit	tu	as écrit	que tu	é crives
ns	é crivons	il	a écrit	qu' il	é crive
vs	é crivez	ns	avons écrit	que ns	é crivions
ils	é crivent	vs	avez écrit	que vs	é criviez
		ils	ont écrit	qu' ils	é crivent

Imparfait **Plus-que-parfait** **Imparfait**

j'	é crivais	j'	avais écrit	que j'	é crivisse
tu	é crivais	tu	avais écrit	que tu	é crivisses
il	é crivait	il	avait écrit	qu' il	é crivît
ns	é crivions	ns	avions écrit	que ns	é crivissions
vs	é criviez	vs	aviez écrit	que vs	é crivissiez
ils	é crivaient	ils	avaient écrit	qu' ils	é crivissent

Passé simple **Passé antérieur** **Passé**

j'	é crivis	j'	eus écrit	que j'	aie écrit
tu	é crivis	tu	eus écrit	que tu	aies écrit
il	é crivit	il	eut écrit	qu' il	ait écrit
ns	é crivîmes	ns	eûmes écrit	que ns	ayons écrit
vs	é crivîtes	vs	eûtes écrit	que vs	ayez écrit
ils	é crivirent	ils	eurent écrit	qu' ils	aient écrit

Futur simple **Futur antérieur** **Plus-que-parfait**

j'	é crirai	j'	aurai écrit	que j'	eusse écrit
tu	é criras	tu	auras écrit	que tu	eusses écrit
il	é crira	il	aura écrit	qu' il	eût écrit
ns	é crirons	ns	aurons écrit	que ns	eussions écrit
vs	é crirez	vs	aurez écrit	que vs	eussiez écrit
ils	é criront	ils	auront écrit	qu' ils	eussent écrit

CONDITIONNEL

Présent **Passé 1re forme** **Passé 2e forme**

j'	é crirais	j'	aurais écrit	j'	eusse écrit
tu	é crirais	tu	aurais écrit	tu	eusses écrit
il	é crirait	il	aurait écrit	il	eût écrit
ns	é cririons	ns	aurions écrit	ns	eussions écrit
vs	é cririez	vs	auriez écrit	vs	eussiez écrit
ils	é criraient	ils	auraient écrit	ils	eussent écrit

IMPÉRATIF

Présent **Passé**

écris, écrivons, écrivez *aie écrit, ayons écrit, ayez écrit*

INFINITIF	PARTICIPE

Présent **Passé** **Présent** **Passé**

écrire avoir écrit écrivant écrit, ite
ayant écrit

72/Les verbes rire et sourire

■ Attention à la désinence **-s** de je ri**s**. **Rire** n'étant pas un verbe du groupe 1 (type **aimer,** tableau 7), ne peut pas avoir la terminaison en **-e**.

■ Les participes passés **ri** et **souri** sont toujours invariables (même à la voix pronominale, pour **rire**) : elles se sont **ri** de nous ; cf. p. 29.

INDICATIF

Présent		**Passé composé**		
je	ri s	j'	ai	ri
tu	ri s	tu	as	ri
il	ri t	il	a	ri
ns	ri ons	ns	avons	ri
vs	ri ez	vs	avez	ri
ils	ri ent	ils	ont	ri

Imparfait		**Plus-que-parfait**		
je	ri ais	j'	avais	ri
tu	ri ais	tu	avais	ri
il	ri ait	il	avait	ri
ns	ri ions	ns	avions	ri
vs	ri iez	vs	aviez	ri
ils	ri aient	ils	avaient	ri

Passé simple		**Passé antérieur**		
je	ri s	j'	eus	ri
tu	ri s	tu	eus	ri
il	ri t	il	eut	ri
ns	*rî mes*	ns	eûmes	ri
vs	*rî tes*	vs	eûtes	ri
ils	ri rent	ils	eurent	ri

Futur simple		**Futur antérieur**		
je	ri rai	j'	aurai	ri
tu	ri ras	tu	auras	ri
il	ri ra	il	aura	ri
ns	ri rons	ns	aurons	ri
vs	ri rez	vs	aurez	ri
ils	ri ront	ils	auront	ri

SUBJONCTIF

Présent		
que	je	ri e
que	tu	ri es
qu'	il	ri e
que	ns	ri ions
que	vs	ri iez
qu'	ils	ri ent

Imparfait		
que	*je*	*ri sse*
que	*tu*	*ri sses*
qu'	*il*	*rît*
que	*ns*	*ri ssions*
que	*vs*	*ri ssiez*
qu'	*ils*	*ri ssent*

Passé			
que	j'	aie	ri
que	tu	aies	ri
qu'	il	ait	ri
que	ns	ayons	ri
que	vs	ayez	ri
qu'	ils	aient	ri

Plus-que-parfait			
que	*j'*	*eusse*	*ri*
que	*tu*	*eusses*	*ri*
qu'	*il*	*eût*	*ri*
que	*ns*	*eussions*	*ri*
que	*vs*	*eussiez*	*ri*
qu'	*ils*	*eussent*	*ri*

CONDITIONNEL

Présent		**Passé 1re forme**			**Passé 2e forme**		
je	ri rais	j'	aurais	ri	*j'*	*eusse*	*ri*
tu	ri rais	tu	aurais	ri	*tu*	*eusses*	*ri*
il	ri rait	il	aurait	ri	*il*	*eût*	*ri*
ns	ri rions	ns	aurions	ri	*ns*	*eussions*	*ri*
vs	ri riez	vs	auriez	ri	*vs*	*eussiez*	*ri*
ils	ri raient	ils	auraient	ri	*ils*	*eussent*	*ri*

IMPÉRATIF

Présent	**Passé**
ri s, ri ons, ri ez	*aie ri, ayons ri, ayez ri*

INFINITIF

Présent	**Passé**
ri re	avoir ri

PARTICIPE

Présent	**Passé**
ri ant	ri, ayant ri

73/Le verbe conduire

Se conjuguent sur **conduire** :

1. Les composés formés sur **-duire**, du latin **ducere** (qu'on retrouve dans **conduire**) : déduire, éconduire, enduire, induire, introduire, produire, reconduire, réduire, réintroduire, reproduire, retraduire, séduire, traduire.

2. Les composés formés sur **-struire**, du latin **strugere** : construire, détruire, instruire, reconstruire.

3. **Cuire**, recuire.

4. **Nuire**, s'entre-nuire.

★ *Mais, attention* au participe passé de ces deux verbes :

a) il s'écrit sans **t** (≠ conduit) : nui, entre-nui ;

b) il est toujours invariable : elles se sont **nui.**

5. **Luire,** reluire.

★ *Attention* à ces deux verbes :

a) le participe passé s'écrit sans **t** : lui, relui ; il est toujours invariable ;

b) ils sont donnés comme défectifs par l'Académie et diverses grammaires ; en fait, ils s'emploient surtout à l'infinitif, au participe présent, au participe passé (et aux temps composés), aux 3es personnes du singulier et du pluriel des temps usuels. Le passé simple et l'imparfait du subjonctif sont rares. Mais, comme le remarquait déjà Littré, rien n'empêche d'employer les deux verbes à toutes les personnes, et à ces deux temps. Le passé simple suit la conjugaison de **conduire** : Je luisis, etc., les étoiles luisirent ; l'imparfait du subjonctif est : luisisse, luisisses, luisît (qu'emploie Bossuet).
Toutefois, beaucoup d'écrivains ont employé un passé simple formé sur **dire** : je luis..., nous luîmes..., ils luirent. En général, les puristes déclarent ce passé simple incorrect.

INDICATIF

Présent

je	cond uis
tu	cond uis
il	cond uit
ns	cond uisons
vs	cond uisez
ils	cond uisent

Passé composé

j'	ai	conduit
tu	as	conduit
il	a	conduit
ns	avons	conduit
vs	avez	conduit
ils	ont	conduit

Imparfait

je	cond uisais
tu	cond uisais
il	cond uisait
ns	cond uisions
vs	cond uisiez
ils	cond uisaient

Plus-que-parfait

j'	avais	conduit
tu	avais	conduit
il	avait	conduit
ns	avions	conduit
vs	aviez	conduit
ils	avaient	conduit

Passé simple

je	cond uisis
tu	cond uisis
il	cond uisit
ns	cond uisîmes
vs	cond uisîtes
ils	cond uisirent

Passé antérieur

j'	eus	conduit
tu	eus	conduit
il	eut	conduit
ns	eûmes	conduit
vs	eûtes	conduit
ils	eurent	conduit

Futur simple

je	cond uirai
tu	cond uiras
il	cond uira
ns	cond uirons
vs	cond uirez
ils	cond uiront

Futur antérieur

j'	aurai	conduit
tu	auras	conduit
il	aura	conduit
ns	aurons	conduit
vs	aurez	conduit
ils	auront	conduit

SUBJONCTIF

Présent

que	je	cond uise
que	tu	cond uises
qu'	il	cond uise
que	ns	cond uisions
que	vs	cond uisiez
qu'	ils	cond uisent

Imparfait

que	je	cond uisisse
que	tu	cond uisisses
qu'	il	cond uisît
que	ns	cond uisissions
que	vs	cond uisissiez
qu'	ils	cond uisissent

Passé

que	j'	aie	conduit
que	tu	aies	conduit
qu'	il	ait	conduit
que	ns	ayons	conduit
que	vs	ayez	conduit
qu'	ils	aient	conduit

Plus-que-parfait

que	j'	eusse	conduit
que	tu	eusses	conduit
qu'	il	eût	conduit
que	ns	eussions	conduit
que	vs	eussiez	conduit
qu'	ils	eussent	conduit

CONDITIONNEL

Présent

je	cond uirais
tu	cond uirais
il	cond uirait
ns	cond uirions
vs	cond uiriez
ils	cond uiraient

Passé 1re forme

j'	aurais	conduit
tu	aurais	conduit
il	aurait	conduit
ns	aurions	conduit
vs	auriez	conduit
ils	auraient	conduit

Passé 2e forme

j'	eusse	conduit
tu	eusses	conduit
il	eût	conduit
ns	eussions	conduit
vs	eussiez	conduit
ils	eussent	conduit

IMPÉRATIF

Présent

cond uis, cond uisons, cond uisez

Passé

*aie conduit, ayons conduit,
ayez conduit*

INFINITIF

Présent

conduire

Passé

avoir conduit

PARTICIPE

Présent

cond uisant

Passé

cond uit, ite
ayant conduit

74/Le verbe boire

Seul **emboire** (rare) se conjugue sur ce type.

INDICATIF

Présent		**Passé composé**		
je	bois	j'	ai	bu
tu	bois	tu	as	bu
il	boit	il	a	bu
ns	buvons	ns	avons	bu
vs	buvez	vs	avez	bu
ils	boivent	ils	ont	bu

Imparfait		**Plus-que-parfait**		
je	buvais	j'	avais	bu
tu	buvais	tu	avais	bu
il	buvait	il	avait	bu
ns	buvions	ns	avions	bu
vs	buviez	vs	aviez	bu
ils	buvaient	ils	avaient	bu

Passé simple		**Passé antérieur**		
je	bus	j'	eus	bu
tu	bus	tu	eus	bu
il	but	il	eut	bu
ns	bûmes	ns	eûmes	bu
vs	bûtes	vs	eûtes	bu
ils	burent	ils	eurent	bu

Futur simple		**Futur antérieur**		
je	boirai	j'	aurai	bu
tu	boiras	tu	auras	bu
il	boira	il	aura	bu
ns	boirons	ns	aurons	bu
vs	boirez	vs	aurez	bu
ils	boiront	ils	auront	bu

SUBJONCTIF

Présent		
que	je	boive
que	tu	boives
qu'	il	boive
que	ns	buvions
que	vs	buviez
qu'	ils	boivent

Imparfait		
que	je	busse
que	tu	busses
qu'	il	bût
que	ns	bussions
que	vs	bussiez
qu'	ils	bussent

Passé			
que	j'	aie	bu
que	tu	aies	bu
qu'	il	ait	bu
que	ns	ayons	bu
que	vs	ayez	bu
qu'	ils	aient	bu

Plus-que-parfait			
que	j'	eusse	bu
que	tu	eusses	bu
qu'	il	eût	bu
que	ns	eussions	bu
que	vs	eussiez	bu
qu'	ils	eussent	bu

CONDITIONNEL

Présent		**Passé 1re forme**			**Passé 2e forme**		
je	boirais	j'	aurais	bu	j'	eusse	bu
tu	boirais	tu	aurais	bu	tu	eusses	bu
il	boirait	il	aurait	bu	il	eût	bu
ns	boirions	ns	aurions	bu	ns	eussions	bu
vs	boiriez	vs	auriez	bu	vs	eussiez	bu
ils	boiraient	ils	auraient	bu	ils	eussent	bu

IMPÉRATIF

Présent	**Passé**
bois, buvons, buvez	aie bu, ayons bu, ayez bu

INFINITIF

Présent	**Passé**
boire	avoir bu

PARTICIPE

Présent	**Passé**
buvant	bu, ue
	ayant bu

GROUPE **3**/3

75/Le verbe croire

■ Ce verbe est un des plus utilisés du groupe 3.

■ Beaucoup des formes de **croire** se confondraient avec celles de **croître** (tableau 76), si ces dernières ne se distinguaient pas par l'accent circonflexe : je croîs, en face de je crois, etc.

INDICATIF			SUBJONCTIF

Présent **Passé composé** **Présent**

je	crois	j'	ai	cru	que	je	croie
tu	crois	tu	as	cru	que	tu	croies
il	croit	il	a	cru	qu'	il	croie
ns	croyons	ns	avons	cru	que	ns	croyions
vs.	croyez	vs	avez	cru	que	vs	croyiez
ils	croient	ils	ont	cru	qu'	ils	croient

Imparfait **Plus-que-parfait** **Imparfait**

je	croyais	j'	avais	cru	que	je	crusse
tu	croyais	tu	avais	cru	que	tu	crusses
il	croyait	il	avait	cru	qu'	il	crût
ns	croyions	ns	avions	cru	que	ns	crussions
vs	croyiez	vs	aviez	cru	que	vs	crussiez
ils	croyaient	ils	avaient	cru	qu'	ils	crussent

Passé simple **Passé antérieur** **Passé**

je	crus	j'	eus	cru	que	j'	aie	cru
tu	crus	tu	eus	cru	que	tu	aies	cru
il	crut	il	eut	cru	qu'	il	ait	cru
ns	crûmes	ns	eûmes	cru	que	ns	ayons	cru
vs	crûtes	vs	eûtes	cru	que	vs	ayez	cru
ils	crurent	ils	eurent	cru	qu'	ils	aient	cru

Futur simple **Futur antérieur** **Plus-que-parfait**

je	croirai	j'	aurai	cru	que	j'	eusse	cru
tu	croiras	tu	auras	cru	que	tu	eusses	cru
il	croira	il	aura	cru	qu'	il	eût	cru
ns	croirons	ns	aurons	cru	que	ns	eussions	cru
vs	croirez	vs	aurez	cru	que	vs	eussiez	cru
ils	croiront	ils	auront	cru	qu'	ils	eussent	cru

CONDITIONNEL

Présent **Passé 1re forme** **Passé 2e forme**

je	croirais	j'	aurais	cru	j'	eusse	cru
tu	croirais	tu	aurais	cru	tu	eusses	cru
il	croirait	il	aurait	cru	il	eût	cru
ns	croirions	ns	aurions	cru	ns	eussions	cru
vs	croiriez	vs	auriez	cru	vs	eussiez	cru
ils	croiraient	ils	auraient	cru	ils	eussent	cru

IMPÉRATIF

Présent **Passé**

crois, croyons, croyez *aie cru, ayons cru, ayez cru*

INFINITIF	PARTICIPE

Présent **Passé** **Présent** **Passé**

croire avoir cru croyant cru, ue
ayant cru

76/Le verbe croître

■ Se conjuguent sur **croître**(1) ses composés :
accroître, décroître, **recroître**(2).

■ **Mais attention à l'accent circonflexe** :

1. Les quatre verbes, comme tous les verbes en **-aître** (tableau 77),
prennent l'**accent circonflexe sur le i du radical qui précède le t** : il croît,
croître, je croîtrai..., je croîtrais..., il accroît ; il décroîtra ; ils recroîtront, etc.

2. Mais **croître prend aussi l'accent circonflexe** sur toutes ses formes
qu'il est nécessaire de distinguer des formes correspondantes du verbe
croire (tableau 75) : je croîs, tu croîs, je crûs, j'ai crû, que je crûsse, etc.

3. En revanche, la confusion avec **croire** n'étant pas possible pour les
composés, ceux-ci ne suivent pas **croître** pour les accents circonflexes
qu'il prend en **2.** D'où, aucun accent circonflexe sur les formes de :

— **accroître** : j'accrois, tu accrois (à côté de : il accroît) ; accrois (impératif) ;
j'accrus, tu accrus, il accrut, ils accrurent ; que j'accrusse, etc. ; accru ;

— **décroître** : je décrois, tu décrois (à côté de : il décroît) ; décrois (impératif) ;
je décrus, tu décrus, il décrut, ils décrurent ; que je décrusse, etc. ; décru ;

— **recroître** : je recrois, tu recrois, etc. ; je recrus, etc., que je recrusse, etc. Mais
le participe passé de **recroître** s'écrit **recrû** (avec un accent circonflexe)
pour éviter la confusion avec l'adjectif **recru** : recru de fatigue.

Remarques :

1. Croître : l'Académie distingue l'action (auxiliaire **avoir**) et l'état (auxiliaire **être** ;
cf. p. 17), mais on emploie pratiquement **avoir** dans tous les cas.

2. Les composés **accroître (augmenter)** et **s'accroître (grandir),** de même que
décroître (diminuer, baisser), se rencontrent assez souvent, mais on peut utiliser à
leur place les verbes de remplacement que nous avons mis entre parenthèses. En
revanche, **recroître** est un verbe presque inexistant et les formes du verbe type
croître sont elles-mêmes très peu employées dans la langue courante ; on dira
plutôt : le tumulte augmente ; ou : les champignons grandissent (poussent) presque à vue d'œil.

INDICATIF			SUBJONCTIF		
Présent	**Passé composé**		**Présent**		
je cr oîs	j' ai	crû	que je cr oisse		
tu cr oîs	tu as	crû	que tu cr oisses		
il cr oît	il a	crû	qu' il cr oisse		
ns cr oissons	ns avons	crû	que ns cr oissions		
vs cr oissez	vs avez	crû	que vs cr oissiez		
ils cr oissent	ils ont	crû	qu' ils cr oissent		
Imparfait	**Passé antérieur**		**Imparfait**		
je cr oissais	j' eus	crû	que je cr ûsse		
tu cr oissais	tu eus	crû	que tu cr ûsses		
il cr oissait	il eut	crû	qu' il cr ût		
ns cr oissions	ns eûmes	crû	que ns cr ûssions		
vs cr oissiez	vs eûtes	crû	que vs cr ûssiez		
ils cr oissaient	ils eurent	crû	qu' ils cr ûssent		
Passé simple	**Plus-que-parfait**		**Passé**		
je cr ûs	j' avais	crû	que j' aie	crû	
tu cr ûs	tu avais	crû	que tu aies	crû	
il cr ût	il avait	crû	qu' il ait	crû	
ns cr ûmes	ns avions	crû	que ns ayons	crû	
vs cr ûtes	vs aviez	crû	que vs ayez	crû	
ils cr ûrent	ils avaient	crû	qu' ils aient	crû	
Futur simple	**Futur antérieur**		**Plus-que-parfait**		
je cr oîtrai	j' aurai	crû	que j' eusse	crû	
tu cr oîtras	tu auras	crû	que tu eusses	crû	
il cr oîtra	il aura	crû	qu' il eût	crû	
ns cr oîtrons	ns aurons	crû	que ns eussions	crû	
vs cr oîtrez	vs aurez	crû	que vs eussiez	crû	
ils cr oîtront	ils auront	crû	qu' ils eussent	crû	

CONDITIONNEL					
Présent	**Passé 1re forme**			**Passé 2e forme**	
je cr oîtrais	j' aurais	crû		j' eusse	crû
tu cr oîtrais	tu aurais	crû		tu eusses	crû
il cr oîtrait	il aurait	crû		il eût	crû
ns cr oîtrions	ns aurions	crû		ns eussions	crû
vs cr oîtriez	vs auriez	crû		vs eussiez	crû
ils cr oîtraient	ils auraient	crû		ils eussent	crû

IMPÉRATIF	
Présent	**Passé**
cr oîs, cr oissons, cr oissez	aie crû, ayons crû, ayez crû

INFINITIF		PARTICIPE	
Présent	**Passé**	**Présent**	**Passé**
croître	avoir crû	cr oissant	crû, ue
			ayant crû

77/Le verbe connaître

Se conjuguent sur **connaître** :

■ Ses composés : méconnaître, reconnaître.

■ **Paraître** et ses composés : apparaître, comparaître, disparaître, réapparaître, recomparaître, reparaître, transparaître.

Remarques :

1. Les verbes en **-aître**, de même que les verbes en **-oître** (voir **croître,** tableau 76), prennent l'accent circonflexe **sur le i qui précède le t** : il connaît, connaître, je connaîtrai, etc. Il s'agit du **i du radical,** et il connaissait n'a évidemment aucun accent circonflexe.

2. Paraître et ses composés peuvent prendre tantôt l'auxiliaire **avoir** pour marquer une action, tantôt l'auxiliaire **être** pour marquer un résultat : brusquement le soleil a disparu, derrière un nuage ; il fait gris, le soleil est disparu (cf. p. 18).

Toutefois :

a) Apparaître a généralement l'auxiliaire **être** : cet homme m'est apparu au moment où je le croyais bien loin (Académie).

b) Paraître, en revanche, prend presque toujours **avoir**, qui est toujours possible, dans tous les sens du verbe : Le soleil a paru derrière les nuages (a fait son apparition) ; ton ami m'a paru fatigué (m'a semblé). Pourtant, s'il s'agit de publications, l'alternance **avoir** (action)/**être** (résultat) peut jouer (voir p. 17). Il sera donc possible d'opposer : ce livre a paru le mois dernier (action) à : ce livre est paru depuis longtemps (résultat).

CONNAÎTRE

INDICATIF

Présent		Passé composé		
je	conn ais	j'	ai	connu
tu	conn ais	tu	as	connu
il	conn aît	il	a	connu
ns	conn aissons	ns	avons	connu
vs	conn aissez	vs	avez	connu
ils	conn aissent	ils	ont	connu

Imparfait		Plus-que-parfait		
je	conn aissais	j'	avais	connu
tu	conn aissais	tu	avais	connu
il	conn aissait	il	avait	connu
ns	conn aissions	ns	avions	connu
vs	conn aissiez	vs	aviez	connu
ils	conn aissaient	ils	avaient	connu

Passé simple		Passé antérieur		
je	conn us	j'	eus	connu
tu	conn us	tu	eus	connu
il	conn ut	il	eut	connu
ns	conn ûmes	ns	eûmes	connu
vs	conn ûtes	vs	eûtes	connu
ils	conn urent	ils	eurent	connu

Futur simple		Futur antérieur		
je	conn aîtrai	j'	aurai	connu
tu	conn aîtras	tu	auras	connu
il	conn aîtra	il	aura	connu
ns	conn aîtrons	ns	aurons	connu
vs	conn aîtrez	vs	aurez	connu
ils	conn aîtront	ils	auront	connu

SUBJONCTIF

Présent		
que	je	conn aisse
que	tu	conn aisses
qu'	il	conn aisse
que	ns	conn aissions
que	vs	conn aissiez
qu'	ils	conn aissent

Imparfait		
que	je	conn usse
que	tu	conn usses
qu'	il	conn ût
que	ns	conn ussions
que	vs	conn ussiez
qu'	ils	conn ussent

Passé			
que	j'	aie	connu
que	tu	aies	connu
qu'	il	ait	connu
que	ns	ayons	connu
que	vs	ayez	connu
qu'	ils	aient	connu

Plus-que-parfait			
que	j'	eusse	connu
que	tu	eusses	connu
qu'	il	eût	connu
que	ns	eussions	connu
que	vs	eussiez	connu
qu'	ils	eussent	connu

CONDITIONNEL

Présent		Passé 1re forme			Passé 2e forme		
je	conn aîtrais	j'	aurais	connu	j'	eusse	connu
tu	conn aîtrais	tu	aurais	connu	tu	eusses	connu
il	conn aîtrait	il	aurait	connu	il	eût	connu
ns	conn aîtrions	ns	aurions	connu	ns	eussions	connu
vs	conn aîtriez	vs	auriez	connu	vs	eussiez	connu
ils	conn aîtraient	ils	auraient	connu	ils	eussent	connu

IMPÉRATIF

Présent

connais, conn aissons, conn aissez

Passé

aie connu, ayons connu,
ayez connu

INFINITIF

Présent	Passé
connaître	avoir connu

PARTICIPE

Présent	Passé
conn aissant	connu, ue
	ayant connu

78/Les verbes naître et renaître

■ Verbe en **-aître** comme **connaître** (tableau 77), **naître** prend l'accent circonflexe sur le **i qui précède le t** : naître, il naît, je naîtrai... je naîtrais...

■ Attention à je naquis... et je **suis** né... (auxiliaire **être**).

■ Le composé **renaître** n'a pas de temps composés.

INDICATIF

Présent

je	nais
tu	nais
il	naît
ns	naissons
vs	naissez
ils	naissent

Passé composé

je	suis	né
tu	es	né
il	est	né
ns	sommes	nés
vs	êtes	nés
ils	sont	nés

Imparfait

je	naissais
tu	naissais
il	naissait
ns	naissions
vs	naissiez
ils	naissaient

Plus-que-parfait

j'	étais	né
tu	étais	né
il	était	né
ns	étions	nés
vs	étiez	nés
ils	étaient	nés

Passé simple

je	naquis
tu	naquis
il	naquit
ns	naquîmes
vs	naquîtes
ils	naquirent

Passé antérieur

je	fus	né
tu	fus	né
il	fut	né
ns	fûmes	nés
vs	fûtes	nés
ils	furent	nés

Futur simple

je	naîtrai
tu	naîtras
il	naîtra
ns	naîtrons
vs	naîtrez
ils	naîtront

Futur antérieur

je	serai	né
tu	seras	né
il	sera	né
ns	serons	nés
vs	serez	nés
ils	seront	nés

SUBJONCTIF

Présent

que	je	naisse
que	tu	naisses
qu'	il	naisse
que	ns	naissions
que	vs	naissiez
qu'	ils	naissent

Imparfait

que	je	naquisse
que	tu	naquisses
qu'	il	naquît
que	ns	naquissions
que	vs	naquissiez
qu'	ils	naquissent

Passé

que	je	sois	né
que	tu	sois	né
qu'	il	soit	né
que	ns	soyons	nés
que	vs	soyez	nés
qu'	ils	soient	nés

Plus-que-parfait

que	je	fusse	né
que	tu	fusses	né
qu'	il	fût	né
que	ns	fussions	nés
que	vs	fussiez	nés
qu'	ils	fussent	nés

CONDITIONNEL

Présent

je	naîtrais
tu	naîtrais
il	naîtrait
ns	naîtrions
vs	naîtriez
ils	naîtraient

Passé 1re forme

je	serais	né
tu	serais	né
il	serait	né
ns	serions	nés
vs	seriez	nés
ils	seraient	nés

Passé 2e forme

je	fusse	né
tu	fusses	né
il	fût	né
ns	fussions	nés
vs	fussiez	nés
ils	fussent	nés

IMPÉRATIF

Présent

nais, naissons, naissez

Passé

sois né, soyons nés, soyez nés

INFINITIF

Présent

naître

Passé

être né

PARTICIPE

Présent

naissant

Passé

né, née,
étant né

79/Le verbe paître (défectif)

■ Verbe rare. Un seul composé : **se repaître** (voir plus bas).

■ Verbe en **-aître** comme **connaître** et **naître**, voir tableaux 77 et 78, **paître** prend l'accent circonflexe sur le **i qui précède le t** : il paît, je paîtrai..., je paîtrais...

Verbe se repaître

Se repaître se conjugue sur le modèle de **paître**, mais il n'est pas défectif. Il possède en effet tous les temps et modes de **paître**, mais il a en outre les formes suivantes :

1. Indicatif, passé simple : je me repus, tu te repus, il se reput, nous nous repûmes, vous vous repûtes, ils se repurent.

2. Subjonctif, imparfait, fait sur le passé simple (rare) : que je me repusse, que tu te repusses, qu'il se repût, que nous nous repussions, que vous vous repussiez, qu'ils se repussent.

3. Participe passé : repu, ue (s'étant repu).

4. Tous les **temps composés** (faits avec le participe passé) : je me suis repu, je m'étais repu, etc.

Repaître est très rare à la forme active : repaître ses yeux d'un spectacle. Même à la forme pronominale **se repaître,** il n'est pas d'un emploi bien fréquent.

INDICATIF

Présent

je	pai s
tu	pai s
il	paî t
ns	pai ssons
vs	pai ssez
ils	pai ssent

Passé simple

(inusité)

Imparfait

je	pai ssais
tu	pai ssais
il	pai ssait
ns	pai ssions
vs	pai ssiez
ils	pai ssaient

Futur simple

je	paî trai
tu	paî tras
il	pa îtra
ns	paî trons
vs	paî trez
ils	pa îtront

SUBJONCTIF

Présent

que	je	pai sse
que	tu	pai sses
qu'	il	pai sse
que	ns	pai ssions
que	vs	pai ssiez
qu'	ils	pai ssent

CONDITIONNEL

Présent

je	paî trais
tu	paî trais
il	paî trait
ns	paî trions
vs	paî triez
ils	paî traient

IMPÉRATIF

Présent

pais
paissons
paissez

INFINITIF

Présent
paître

PARTICIPE

Présent
paissant

TEMPS COMPOSÉS

(*paître* n'a ni participe passé, ni temps composés)

80/Le verbe résoudre

■ Sur ce modèle se conjuguent **absoudre** et **dissoudre.**

■ **Absoudre** et **dissoudre** n'ont pas de passé simple, ni d'imparfait du subjonctif.

■ Ils font au participe passé **absous, absoute ; dissous, dissoute,** ce qui les distingue de **résoudre** qui fait **résolu** (bien que l'on trouve parfois, dans le langage de la chimie, les formes : **résous, résoute**).

INDICATIF

Présent		**Passé composé**		
je	rés ous	j'	ai	résolu
tu	rés ous	tu	as	résolu
il	rés out	il	a	résolu
ns	rés olvons	ns	avons	résolu
vs	rés olvez	vs	avez	résolu
ils	rés olvent	ils	ont	résolu

Imparfait		**Plus-que-parfait**		
je	rés olvais	j'	avais	résolu
tu	rés olvais	tu	avais	résolu
il	rés olvait	il	avait	résolu
ns	rés olvions	ns	avions	résolu
vs	rés olviez	vs	aviez	résolu
ils	rés olvaient	ils	avaient	résolu

Passé simple		**Passé antérieur**		
je	rés olus	j'	eus	résolu
tu	rés olus	tu	eus	résolu
il	rés ol ut	il	eut	résolu
ns	rés olûmes	ns	eûmes	résolu
vs	rés olûtes	vs	eûtes	résolu
ils	rés olurent	ils	eurent	résolu

Futur simple		**Futur antérieur**		
je	rés oudrai	j'	aurai	résolu
tu	rés oudras	tu	auras	résolu
il	rés oudra	il	aura	résolu
ns	rés oudrons	ns	aurons	résolu
vs	rés oudrez	vs	aurez	résolu
ils	rés oudront	ils	auront	résolu

SUBJONCTIF

Présent		
que	je	rés olve
que	tu	rés olves
qu'	il	rés olve
que	ns	rés olvions
que	vs	rés olviez
qu'	ils	rés olvent

Imparfait		
que	je	rés olusse
que	tu	rés olusses
qu'	il	rés ol ût
que	ns	rés olussions
que	vs	rés olussiez
qu'	ils	rés olussent

Passé			
que	j'	aie	résolu
que	tu	aies	résolu
qu'	il	ait	résolu
que	ns	ayons	résolu
que	vs	ayez	résolu
qu'	ils	aient	résolu

Plus-que-parfait			
que	j'	eusse	résolu
que	tu	eusses	résolu
qu'	il	eût	résolu
que	ns	eussions	résolu
que	vs	eussiez	résolu
qu'	ils	eussent	résolu

CONDITIONNEL

Présent		**Passé 1re forme**			**Passé 2e forme**		
je	rés oudrais	j'	aurais	résolu	j'	eusse	résolu
tu	rés oudrais	tu	aurais	résolu	tu	eusses	résolu
il	rés oudrait	il	aurait	résolu	il	eût	résolu
ns	rés oudrions	ns	aurions	résolu	ns	eussions	résolu
vs	rés oudriez	vs	auriez	résolu	vs	eussiez	résolu
ils	rés oudraient	ils	auraient	résolu	ils	eussent	résolu

IMPÉRATIF

Présent	**Passé**
rés ous, rés olvons, rés olvez	aie résolu, ayons résolu, ayez résolu

INFINITIF

Présent	**Passé**
résoudre	avoir résolu

PARTICIPE

Présent	**Passé**
résolvant	résolu, ue ayant résolu

81/Le verbe coudre

■ Se conjuguent sur **coudre** ses composés : découdre, recoudre.

■ Notez bien que dans il cou**d** (comme dans il mou**d**, tableau 82), la consonne **d** du radical n'est ni remplacée par un **t** comme dans : il résou**t**, ni suivie d'un **t** comme dans : il interrom**pt**. Mais ce **d** n'apparaît dans la prononciation [kud] qu'à l'infinitif, au futur et au conditionnel : coudre, coudrai... coudrais...

INDICATIF

Présent

je	couds	j'	ai	cousu
tu	couds	tu	as	cousu
il	coud	il	a	cousu
ns	cousons	ns	avons	cousu
vs	cousez	vs	avez	cousu
ils	cousent	ils	ont	cousu

Passé composé (colonne de droite ci-dessus)

Imparfait

je	cousais	j'	avais	cousu
tu	cousais	tu	avais	cousu
il	cousait	il	avait	cousu
ns	cousions	ns	avions	cousu
vs	cousiez	vs	aviez	cousu
ils	cousaient	ils	avaient	cousu

Plus-que-parfait (colonne de droite ci-dessus)

Passé simple

je	cousis	j'	eus	cousu
tu	cousis	tu	eus	cousu
il	cousit	il	eut	cousu
ns	cousîmes	ns	eûmes	cousu
vs	cousîtes	vs	eûtes	cousu
ils	cousirent	ils	eurent	cousu

Passé antérieur (colonne de droite ci-dessus)

Futur simple

je	coudrai	j'	aurai	cousu
tu	coudras	tu	auras	cousu
il	coudra	il	aura	cousu
ns	coudrons	ns	aurons	cousu
vs	coudrez	vs	aurez	cousu
ils	coudront	ils	auront	cousu

Futur antérieur (colonne de droite ci-dessus)

SUBJONCTIF

Présent

que	je	couse
que	tu	couses
qu'	il	couse
que	ns	cousions
que	vs	cousiez
qu'	ils	cousent

Imparfait

que	je	cousisse
que	tu	cousisses
qu'	il	cousît
que	ns	cousissions
que	vs	cousissiez
qu'	ils	cousissent

Passé

que	j'	aie	cousu
que	tu	aies	cousu
qu'	il	ait	cousu
que	ns	ayons	cousu
que	vs	ayez	cousu
qu'	ils	aient	cousu

Plus-que-parfait

que	j'	eusse	cousu
que	tu	eusses	cousu
qu'	il	eût	cousu
que	ns	eussions	cousu
que	vs	eussiez	cousu
qu'	ils	eussent	cousu

CONDITIONNEL

Présent

je	coudrais
tu	coudrais
il	coudrait
ns	coudrions
vs	coudriez
ils	coudraient

Passé 1re forme

j'	aurais	cousu
tu	aurais	cousu
il	aurait	cousu
ns	aurions	cousu
vs	auriez	cousu
ils	auraient	cousu

Passé 2e forme

j'	eusse	cousu
tu	eusses	cousu
il	eût	cousu
ns	eussions	cousu
vs	eussiez	cousu
ils	eussent	cousu

IMPÉRATIF

Présent

couds, cousons, cousez

Passé

aie cousu, ayons cousu, ayez cousu

INFINITIF

Présent coudre

Passé avoir cousu

PARTICIPE

Présent cousant

Passé cousu, ue, ayant cousu

82/Le verbe moudre

■ Se conjuguent sur **moudre** ses composés : émoudre, remoudre.

■ **Le thème en l, moul-,** apparaît partout, sauf dans les formes : je mouds, tu mouds, il moud, mouds, et dans la série infinitif-futur-conditionnel : moudre, moudrai..., moudrais...
Retenez bien : il mou**d** (cf. il cou**d**, tableau 81).

MOUDRE

INDICATIF

Présent

je	mou ds
tu	mou ds
il	mou d
ns	mou lons
vs	mou lez
ils	mou lent

Passé composé

j'	ai	moulu
tu	as	moulu
il	a	moulu
ns	avons	moulu
vs	avez	moulu
ils	ont	moulu

Imparfait

je	mou lais
tu	mou lais
il	mou lait
ns	mou lions
vs	mou liez
ils	mou laient

Plus-que-parfait

j'	avais	moulu
tu	avais	moulu
il	avait	moulu
ns	avions	moulu
vs	aviez	moulu
ils	avaient	moulu

Passé simple

je	mou lus
tu	mou lus
il	mou lut
ns	mou lûmes
vs	mou lûtes
ils	mou lurent

Passé antérieur

j'	eus	moulu
tu	eus	moulu
il	eut	moulu
ns	eûmes	moulu
vs	eûtes	moulu
ils	eurent	moulu

Futur simple

je	mou drai
tu	mou dras
il	mou dra
ns	mou drons
vs	mou drez
ils	mou dront

Futur antérieur

j'	aurai	moulu
tu	auras	moulu
il	aura	moulu
ns	aurons	moulu
vs	aurez	moulu
ils	auront	moulu

SUBJONCTIF

Présent

que je	mou le
que tu	mou les
qu' il	mou le
que ns	mou lions
que vs	mou liez
qu' ils	mou lent

Imparfait

que je	mou lusse
que tu	mou lusses
qu' il	mou lût
que ns	mou lussions
que vs	mou lussiez
qu' ils	mou lussent

Passé

que j'	aie	moulu
que tu	aies	moulu
qu' il	ait	moulu
que ns	ayons	moulu
que vs	ayez	moulu
qu' ils	aient	moulu

Plus-que-parfait

que j'	eusse	moulu
que tu	eusses	moulu
qu' il	eût	moulu
que ns	eussions	moulu
que vs	eussiez	moulu
qu' ils	eussent	moulu

CONDITIONNEL

Présent

je	mou drais
tu	mou drais
il	mou drait
ns	mou drions
vs	mou driez
ils	mou draient

Passé 1re forme

j'	aurais	moulu
tu	aurais	moulu
il	aurait	moulu
ns	aurions	moulu
vs	auriez	moulu
ils	auraient	moulu

Passé 2e forme

j'	eusse	moulu
tu	eusses	moulu
il	eût	moulu
ns	eussions	moulu
vs	eussiez	moulu
ils	eussent	moulu

IMPÉRATIF

Présent

mouds, mou lons, mou lez

Passé

aie moulu, ayons moulu,
ayez moulu

INFINITIF

Présent

moudre

Passé

avoir moulu

PARTICIPE

Présent

mou lant

Passé

moul u, ue
ayant moulu

83/Les verbes en -clure : conclure

Se conjuguent sur **conclure** les verbes de sa famille : exclure, inclure, occlure (technique et rare), et **reclure** qui n'existe qu'à l'infinitif et au participe passé (reclus).

* **Attention !**

N'attribuez pas à l'indicatif présent (sg. 1, 2 et 3) les terminaisons du groupe 1 **(-e, -es, -e).** L'infinitif n'est pas ou pas encore *concluer, mais **conclure** !

Notez bien l'orthographe des participes : conclu, -ue et exclu, -ue en face de inclus, -use, reclus, -use, occlus, -use.

CONCLURE

INDICATIF

Présent		Passé composé		
je	con clus	j'	ai	conclu
tu	con clus	tu	as	conclu
il	con clut	il	a	conclu
ns	con cluons	ns	avons	conclu
vs	con cluez	vs	avez	conclu
ils	con cluent	ils	ont	conclu

Imparfait — **Plus-que-parfait**

je	con cluais	j'	avais	conclu
tu	con cluais ·	tu	avais	conclu
il	con cluait	il	avait	conclu
ns	con cluions	ns	avions	conclu
vs	con cluiez	vs	aviez	conclu
ils	con cluaient	ils	avaient	conclu

Passé simple — **Passé antérieur**

je	con clus	j'	eus	conclu
tu	con clus	tu	eus	conclu
il	con clut	il	eut	conclu
ns	con clûmes	ns	eûmes	conclu
vs	con clûtes	vs	eûtes	conclu
ils	con clurent	ils	eurent	conclu

Futur simple — **Futur antérieur**

je	con clurai	j'	aurai	conclu
tu	con cluras	tu	auras	conclu
il	con clura	il	aura	conclu
ns	con clurons	ns	aurons	conclu
vs	con clurez	vs	aurez	conclu
ils	con cluront	ils	auront	conclu

SUBJONCTIF

Présent

que	je	con clue
que	tu	con clues
qu'	il	con clue
que	ns	con cluions
que	vs	con cluiez
qu'	ils	con cluent

Imparfait

que	je	con clusse
que	tu	con clusses
qu'	il	con clût
que	ns	con clussions
que	vs	con clussiez
qu'	ils	con clussent

Passé

que	j'	aie	conclu
que	tu	aies	conclu
qu'	il	ait	conclu
que	ns	ayons	conclu
que	vs	ayez	conclu
qu'	ils	aient	conclu

Plus-que-parfait

que	j'	eusse	conclu
que	tu	eusses	conclu
qu'	il	eût	conclu
que	ns	eussions	conclu
que	vs	eussiez	conclu
qu'	ils	eussent	conclu

CONDITIONNEL

Présent		Passé 1re forme			Passé 2e forme		
je	con clurais	j'	aurais	conclu	j'	eusse	conclu
tu	con clurais	tu	aurais	conclu	tu	eusses	conclu
il	con clurait	il	aurait	conclu	il	eût	conclu
ns	con clurions	ns	aurions	conclu	ns	eussions	conclu
vs	con cluriez	vs	auriez	conclu	vs	eussiez	conclu
ils	con cluraient	ils	auraient	conclu	ils	eussent	conclu

IMPÉRATIF

Présent

con clus, con cluons, con cluez

Passé

aie conclu, ayons conclu, ayez conclu

INFINITIF

Présent	Passé
conclure	avoir conclu

PARTICIPE

Présent	Passé
con cluant	con clu, ue
	ayant conclu

84/Le verbe clore

Se conjuguent sur **clore** (1) ses composés : déclore (2), éclore (5), enclore (3), forclore (4).

Remarques :

1. Clore est un verbe défectif (voir tableau) assez rare.

2. Déclore n'est guère utilisé qu'à l'infinitif et au participe passé : déclos, déclose.

3. Enclore ajoute aux formes de **clore** les formes d'ailleurs assez rares : nous enclosons, vous enclosez ; enclosons ! enclosez ! On trouve même un imparfait : j'enclosais, etc.

4. Forclore ne s'emploie qu'à l'infinitif et au participe passé : forclos (dans la langue du droit ou de l'administration).

5. Éclore :

a) s'emploie presque uniquement aux 3es personnes ;

b) s'emploie aux temps pour lesquels **clore** a des formes ;

c) le participe **éclos** peut se construire avec l'auxiliaire **avoir** pour marquer l'action : Ces fleurs ont éclos ce matin ; ou l'auxiliaire **être** pour marquer l'état : Ces fleurs-là sont déjà écloses. Mais on peut utiliser l'auxiliaire **être** dans les deux cas.

INDICATIF

Présent

je	clo s
tu	clo s
il	clô t
ils	clo sent

Passé composé

j'	ai	clos
tu	as	clos
il	a	clos
ns	avons	clos
vs	avez	clos
ils	ont	clos

Imparfait

(inusité)

Plus-que-parfait

j'	avais	clos
tu	avais	clos
il	avait	clos
ns	avions	clos
vs	aviez	clos
ils	avaient	clos

Passé simple

(inusité)

Passé antérieur

j'	eus	clos
tu	eus	clos
il	eut	clos
ns	eûmes	clos
vs	eûtes	clos
ils	eurent	clos

Futur simple

je	clo rai
tu	clo ras
il	clo ra
ns	clo rons
vs	clo rez
ils	clo ront

Futur antérieur

j'	aurai	clos
tu	auras	clos
il	aura	clos
ns	aurons	clos
vs	aurez	clos
ils	auront	clos

SUBJONCTIF

Présent

que	je	clo se
que	tu	clo ses
qu'	il	clo se
que	ns	clo sions
que	vs	clo siez
qu'	ils	clo sent

Imparfait

(inusité)

Passé

que	j'	aie	clos
que	tu	aies	clos
qu'	il	ait	clos
que	ns	ayons	clos
que	vs	ayez	clos
qu'	ils	aient	clos

Plus-que-parfait

que	j'	eusse	clos
que	tu	eusses	clos
qu'	il	eût	clos
que	ns	eussions	clos
que	vs	eussiez	clos
qu'	ils	eussent	clos

CONDITIONNEL

Présent

je	clo rais
tu	clo rais
il	clo rait
ns	clo rions
vs	clo riez
ils	clo raient

Passé 1re forme

j'	aurais	clos
tu	aurais	clos
il	aurait	clos
ns	aurions	clos
vs	auriez	clos
ils	auraient	clos

Passé 2e forme

j'	eusse	clos
tu	eusses	clos
il	eût	clos
ns	eussions	clos
vs	eussiez	clos
ils	eussent	clos

IMPÉRATIF

Présent

clos

Passé

aie clos, ayons clos, ayez clos

INFINITIF

Présent

clore

Passé

avoir clos

PARTICIPE

Présent

closant

Passé

clos, se
ayant clos

Lexique
des verbes

Comment utiliser le lexique

Numéros

Chaque verbe est suivi d'un chiffre ou d'un nombre. Celui-ci renvoie au **tableau** correspondant où se trouve conjugué le verbe type.

Exemple : **abattre,** 65, se conjugue sur le type de **battre,** tableau 65.

Les petits numéros correspondent aux verbes entièrement réguliers : 7 (type **aimer**) et 23 (type **finir**).

Les numéros plus grands correspondent aux verbes légèrement ou fortement irréguliers : 65 par exemple (verbe **abattre**).

Notes

Les notes indiquent les **particularités** qui n'ont pas pu être expliquées dans les tableaux : n'oubliez pas de les consulter.

Typographie

Les verbes **soulignés** du lexique sont **les verbes types** dont vous trouverez la conjugaison dans les tableaux. Ainsi, __acheter__, 17, est entièrement conjugué dans le tableau 17. Ces verbes types soulignés peuvent être imprimés, de même que les autres verbes, en caractères gras, romains ou italiques.

Les verbes en caractères **gras** sont **les plus fréquemment employés**[1]. Exemple : **abaisser.**

Les verbes en caractères **romains** sont moins fréquents[1]. Exemple : abasourdir.

Les verbes en caractères *italiques* sont généralement rares[1] : verbes rares de la technique *(abcéder),* verbes archaïques *(bailler),* verbes « littéraires » *(bruire).* Nous avons également mis en italique les verbes très familiers ou populaires qui, même s'ils sont assez fréquents, doivent être employés avec précaution *(attiger).* Pour le sens et les « niveaux de langue » (familier, littéraire, etc.), on consultera un dictionnaire.

---

1. Les verbes en gras correspondent à tous les verbes du *Dictionnaire fondamental* de Gougenheim (Didier). Les verbes considérés comme « rares » sont, la plupart du temps, ceux qui ne figurent pas dans le *Dictionnaire du français contemporain* (Larousse).

Signes et abréviations

Les verbes suivis du signe **ê** ont toujours l'auxiliaire **être**.
Exemple : **advenir.**
Les verbes suivis du signe **ê ?** ont tantôt **être,** tantôt **avoir.**
Exemple : **baisser.** Voir « Les clés du fonctionnement verbal ».
t = transitif direct.   **i** = intransitif.   **imp** = impersonnel.
ti = transitif indirect.   **pr** = pronominal[1].

Prononciation

Nous avons indiqué entre crochets la prononciation des verbes lorsque
celle-ci fait difficulté. Exemple : **abasourdir** [zur] : [abazurdir][2].
Vous trouverez l'alphabet phonétique à la page 6.

Verbes absents

Nous indiquons, p. 3, les raisons de leur absence. Ils ne posent aucun
problème.
Ceux qui sont en **-er** se conjuguent tous sur **aimer** (tableau 7), à une
exception près : les nombreux néologismes en **-fier** se conjuguent sur
apprécier (tableau 10).
Ceux qui sont en **-ir** se conjuguent tous sur **finir** (tableau 23).
Nous avons expliqué, p. 3, pourquoi nous avons essayé de citer tous les
verbes irréguliers. Mais nous rappelons que, si cela garantit leur conjugaison, il n'en va pas de même pour leur emploi. Tous ceux qui posent
problème de ce point de vue sont **en italique** et nous invitons, une
nouvelle fois, le lecteur à se reporter au dictionnaire.

Si vous ne trouvez pas un verbe dans le lexique, cela signifie donc qu'il est
entièrement régulier et se conjugue soit sur le type d'**aimer** (tableau 7),
soit sur le type de **finir** (tableau 23).

---

1. Nous ne mettons pas **pr** lorsque la forme pronominale découle naturellement
d'un verbe transitif employé ainsi, soit au sens réfléchi ou réciproque (cf. p. 26, 2,
Premier cas. Exemples : il se donne en spectacle ; il se donne du plaisir ; ils se donnent rendez-
vous), soit au sens réfléchi passif (cf. p. 28, Deuxième cas, b. Exemple : cela ne se
vend pas, cela se donne).
pr attire donc l'attention sur une forme pronominale irréfléchie dont le sens spécial
(cf. p. 28, Deuxième cas, a) ne découle pas de l'emploi transitif, voire intransitif.
Exemples : il s'adonne à la lecture à côté de le vent adonne **(i) ;** il s'attend au pire à côté de il
attend son ami et les deux amis s'attendent. Nous conseillons de vérifier dans un
dictionnaire ces emplois pronominaux ainsi signalés.
2. Dans tous les cas où la prononciation d'un verbe est douteuse, nous nous
sommes rangés aux avis de Fouché (Klincksieck) et de Warnant (Duculot) qui sont
considérés en général comme les plus sûrs.

Les chiffres qui suivent les verbes cités dans ce lexique renvoient aux numéros des tableaux (verbes réguliers : 7 et 23).

A

(1) **accroire** n'est guère utilisé qu'à l'infinitif, dans l'expression : *en faire accroire à quelqu'un (le tromper).*

(2) **adhérer** : participe présent : *adhérant;* adjectif et substantif : *adhérent.*

(1) **apparoir** : verbe rare, employé
dans le langage juridique à l'infinitif
et à la 3ᵉ personne du singulier de
l'indicatif présent : *il appert que...*
(impersonnel).

(2) **asservir** ne se conjugue pas sur
servir, mais sur **finir** : *nous asservis-*
sons.

(2) **avérer** s'emploie au participe passé : *la chose est avérée (reconnue comme vraie).* La forme pronominale se conjugue complètement et signifie maintenant **se révéler, apparaître** : *L'entreprise s'avéra difficile.*

(1) **assortir** ne se conjugue pas sur **sortir,** mais sur **finir** : *nous assortissons.*

B

(1) **bâiller,** avec **à** est le plus usuel : *on bâille d'ennui ; cette porte bâille (est entrouverte).* **Bailler** est un terme vieilli et rare qui signifie : **donner :** *bailler par contrat;* rapprocher de : *un bailleur de fonds.* L'expression : *vous me la baillez belle (vous cherchez à me tromper)* est rare et vieillie elle aussi.

(1) **bayer** et **béer** sont archaïques et rares. **Bayer** survit dans *bayer aux corneilles.* Et **béer** n'existe plus guère que dans le participe adjectif *béant,* ainsi que dans *rester bouche bée.*

(2) **bénir : bénit, bénite,** se dit uniquement pour les objets consacrés par une cérémonie religieuse et s'emploie comme adjectif : *le pain bénit, l'eau bénite.* **Béni, bénie,** s'emploie dans tous les autres sens, tantôt comme adjectif : *un jour béni*; tantôt comme participe passé : *le prêtre a béni la maison. Il est béni par tous.*

(1) **bruire** appartenait d'abord au groupe 3 comme le prouve son ancien participe devenu adjectif : *bruyant.* Mais il est passé dans le groupe 2 régulier (type **finir,** 23), et les seules formes employées sont le participe présent *bruissant* et les troisièmes personnes suivantes : *il bruit, ils bruissent ; il bruissait, ils bruissaient ; qu'il bruisse, qu'ils bruissent.* On notera que certains écrivains ont même fait passer le verbe dans le groupe 1 en créant l'infinitif : **bruisser* et des formes dérivées qui sont des barbarismes à éviter.

(2) **butter** une plante signifie : *amasser de la terre autour de son pied* (famille de **butte**) ; **buter** contre une pierre signifie : *la heurter.*

C

centraliser, t	....	7
centrer, t	....	7
centrifuger, t	....	9
centupler, t et i	.....	7
cercler, t	....	7
cerner, t	....	7
certifier, t	....	10
cesser, t et i	....	7
chabler, t	....	7
chagriner, t	....	7
chahuter, t et i	......	7
chaîner, t	....	7
challenger, t	....	9
chaloir (1)		
chalouper, i	....	7
chamailler (se)	.....	7
chamarrer, t	....	7
chambarder, t	......	7
chambouler, t	......	7
chambrer, t	....	7
chamoiser, t	....	7
champagniser, t	....	7
champlever, t	......	14
chanceler, i	....	16
chancir, i	....	23
changer, i et t, ê ?	...	9
chansonner, t	......	7
chanter, t	....	7
chantonner, t et i	....	7
chantourner, t	......	7
chaparder, t	....	7
chapeauter, t	....	7
chapeler, t	....	16
chaperonner, t	......	7
chapitrer, t	....	7
chaponner, t	....	7
chaptaliser, t	....	7
charbonner, t et i	....	7
charcuter, t	....	7
charger, t	....	9
charmer, t	....	7
charpenter, t	....	7
charrier, t	....	10
charroyer [rwa], t	...	21
chasser, t et i	......	7
châtier, t	....	10
chatonner, i	....	7

chatouiller, t	....	7
chatoyer [twa], i	....	21
châtrer, t	....	7
chauffer, t et i	......	7
chauler, t	....	7
chaumer, t	....	7
chausser, t	....	7
chaut (1)		
chauvir, i		23
chavirer, i et t	....	7
cheminer, i	....	7
chemiser, t	....	7
chercher, t	....	7
chérir, t	....	23
chevaucher, i et t	...	7
cheviller, t	....	7
chevreter, i	....	18
chevronner, t	......	7
chevroter, i	....	7
chiader, t	....	7
chialer, i	....	7
chicaner, i et t	......	7
chicoter, i	....	7
chienner, i	....	7
chier, i et t	....	10
chiffonner, t et i	.....	7
chiffrer, t et i	....	7
chiner, t	....	7
chinoiser, i	....	7
chiper, t	....	7
chipoter, i	....	7
chiquer, i et t	....	7
chirographier, t	.....	10
chlorer, t	....	7
chloroformer [k], t	..	7
chlorurer, t	....	7
choir, i	....	54
choisir, t	....	23
chômer, i et t	......	7
choper, t	....	7
chopper, i	....	7
choquer, t	....	7

(1) **chaloir** (infinitif) : ce verbe vieilli n'apparaît guère que dans l'expression figée et archaïque : *peu me chaut (peu m'importe)*.

chosifier, t	....	10
chouchouter, t	......	7
choyer [wa], t	......	21
christianiser [k], t	...	7
chromer [k], t	......	7
chronométrer [k], t ..		12
chuchoter, i et t	......	7
chuinter, i	....	7
chuter, i	....	7
cicatriser, t et pr	.....	7
ciller [je], i	....	7
cimenter, t	....	7
cinématographier, t		10
cingler, t et i	....	7
cintrer, t	....	7
circoncire, t	......	68
circonscrire, t	......	71
circonstancier, t	....	10
circonvenir, t	......	26
circuler, i	....	7
cirer, t	....	7
cisailler, t	....	7
ciseler, t	....	15
citer, t	....	7
civiliser, t	....	7
clabauder, i	....	7
claironner, t et i	.....	7
clamer, t	....	7
clapir, i et pr	....	23
clapoter, i	....	7
clapper, i	....	7
claquemurer, t	......	7
claquer, t et i	......	7
claqueter, i	....	18
clarifier, t	....	10
classer, t	....	7
classifier, t	....	10
claudiquer, i	....	7
claustrer, t	....	7
claveter, t	....	18
clayonner, t	....	7
clicher, t	....	7
cligner, t et i	....	7
clignoter, i	....	7
climatiser, t	....	7
cliqueter, i	....	18
clisser, t	....	7

(1) **converger** : participe présent : *convergeant*, mais adjectif : *convergent*.

(2) **coûter** : pour l'accord du participe passé, voir p. 26.

D

(1) **déconfire** ne s'emploie plus guère qu'au participe adjectif : *une mine déconfite.*

(2) **décrépir** : participe passé : *décrépi, -ie (qui a perdu son crépi).* Ne pas confondre avec **décrépit, -ite** *(qui tombe en décrépitude).*

(1) **demeurer :**
• avec **avoir,** signifie **habiter ;**
• avec **être,** signifie **rester :** *il est demeuré silencieux* (voir p. 18).

(1) **dépecer** se conjugue comme **lever** (tableau 14), mais prend la cédille devant **a** et **o** comme **placer** (tableau 8).

1) **désemparer** ne s'emploie guère qu'à l'infinitif dans : *sans désempa-rer.*

2) **désemplir** est rare, sauf lorsqu'il est accompagné d'une négation : *la maison ne désemplit pas.*

(1) **différer** : participe présent : *différant ;* adjectif : *différent ;* substantif : *un différend.*

(2) **diverger** : participe présent : *divergeant ;* adjectif : *divergent.*

E

(1) **échapper :**
● dans le sens de **n'être pas compris,** a l'auxiliaire **avoir** : *le sens de la phrase lui a échappé ;*
● dans le sens de **être dit par mégarde,** a l'auxiliaire **être** : *une expression incorrecte lui est échappée* (voir p. 19).

(1) **émotionner** : ce doublet régulier de l'irrégulier **émouvoir** est de plus en plus employé, mais beaucoup le considèrent encore comme familier ou peu correct.

(1) **endolorir** s'emploie presque uniquement au participe passé adjectif : *des pieds endoloris, une âme endolorie.*

escoffier, t	10	étatiser, t	7	**exagérer,** i et t	12
escompter [kɔ̃te], t	7	étayer [tɛje], t	19	exalter, t et pr	7
escorter, t	7	**éteindre,** t et pr	57	**examiner,** t	7
escrimer (s')	7	**étendre,** t	55	exaspérer, t	12
escroquer, t	7	éterniser, t et pr	7	exaucer, t	8
espacer, t	8	éternuer, i	7	excaver, t	7
espérer, t	12	étêter, t	7	excéder [ekse], t	12
espionner, t	7	*éthérifier,* t	10	exceller, i (2)	7
esquicher, t	7	étinceler, i	16	excentrer, t	7
esquinter, t	7	étioler [etjɔ], t et pr	7	excepter, t	7
esquisser, t	7	étiqueter, t	18	exciper, ti	7
esquiver, t et pr	7	étirer, t	7	exciser, t	7
essaimer, t	7	étoffer, t	7	exciter, t	7
essanger, t	9	étoiler, t	7	exclamer (s')	7
essarter, t	7	**étonner,** t et pr	7	exclure, t	83
essayer [sɛje], t	19	**étouffer,** t et i	7	excommunier, t	10
essorer, t	7	étourdir, t	23	*excorier,* t	10
essoriller, t	7	**étrangler,** t	23	*excréter,* t	12
essoucher, t	7	**être**	1	excursionner, i	7
essouffler, t et pr	7	étrécir, t	23	**excuser,** t	7
essuyer [sɥije], t	20	étreindre, t	57	exécrer, t	12
estamper, t	7	étrenner, t	7	**exécuter,** t et pr	7
estampiller, t	7	étriller [ije], t	7	exempter [ɛgzɑ̃te], t	7
ester, i (1)		étriper, t	7	**exercer,** t, i et pr	8
estérifier, t	10	étriquer, t	7	*exfolier,* t et pr	10
estimer, t	7	étronçonner, t	7	exhaler, t	7
estiver, t et i	7	**étudier,** t et i	10	exhausser, t	7
estomaquer, t	7	étuver, t	7	*exhéréder,* t	12
estomper, t et pr	7	euphoriser, t	7	exhiber, t	7
estoquer, t	7	européaniser, t	7	exhorter, t	7
estourbir, t	23	évacuer, t	7	exhumer, t	7
estropier, t	10	évader (s')	7	**exiger,** t	9
établer, t	7	évaluer, t	7	exiler, t	7
établir, t	23	évangéliser, t	7	**exister,** i et imp	7
étager, t	9	évanouir (s')	23	exonder (s')	7
étalager, t	9	évaporer, t et pr	7	exonérer, t	12
étaler, t	7	évaser, t et pr	7	exorciser, t	7
étalonner, t	7	éveiller, t et pr	7	expatrier, t et pr	10
étamer, t	7	éventer, t	7	expectorer, t	7
étamper, t	7	éventrer, t	7	**expédier,** t (3)	10
étancher, t	7	évertuer (s')	7	expérimenter, t	7
étançonner, t	7	évider, t	7		
		évincer, t	8		
		éviter, t et i	7		
		évoluer, i	7		
		évoquer, t	7		
		exacerber [egza], t	7		

(1) **ester** : utilisé seulement à l'infinitif et presque exclusivement dans l'expression de la langue judiciaire : *ester en justice (soutenir une action en justice).*

(2) **exceller** : participe présent : *excellant ;* adjectif : *excellent.*

(3) **expédier** : participe présent : *expédiant ;* adjectif et substantif : *expédient.*

(1) **extravaguer** : participe présent : *extravaguant;* adjectif : *extravagant.*

F

(1) **fabriquer** : participe présent : *fabriquant;* substantif : *un fabricant de...*

(2) **fatiguer** : participe présent : *fatiguant;* adjectif : *fatigant.*

(3) **férir** : archaïque, ce verbe ne s'emploie plus qu'à l'infinitif dans : *sans coup férir* et au participe adjectif : *féru de...*

(4) **ficher** :
● le participe passé normal est **fiché** : *la flèche s'est fichée dans la cible*;
● lorsque le verbe s'emploie par euphémisme pour « foutre », le participe passé est **fichu,** familier : *il s'est fichu par terre*; *l'affaire est fichue.*

rienter, i	7	**flotter**, i et t	7	*fourguer*, t	7
rier (se)	10	*flouer*, t	7	fourmiller, i	7
riger, t, i et pr	9	fluctuer, i	7	**fournir**, t et pr	23
rignoler [ɲ], t	7	fluer, i	7	fourrager, i et t	9
figurer, pr et t	7	*fluidifier*, t	10	fourrer, t et pr	7
riler, i et t	7	flûter, i	7	fourvoyer, t et pr	21
rileter, t	18	focaliser, t	7	*foutre*, t et pr (2)	
riligraner, t	7	*foirer*, i	7	fracasser, t	7
rilmer, t	7	foisonner, i	7	fractionner, t	7
rilouter, t	7	folâtrer, i	7	fracturer, t	7
riltrer, t et i	7	folichonner, i	7	fragmenter, t	7
rinancer, t	8	folioter, t	7	fraîchir, i	23
rinasser, i	7	fomenter, t	7	fraiser, t	7
finir, t et i	23	foncer, i et t	8	framboiser, t	7
riscaliser, t	7	fonctionnariser, t	7	**franchir**, t	23
rissurer, t	7	**fonctionner**, i	7	franciser, t	7
fixer, t	7	**fonder**, t	7	*franger*, t	9
riflageller, t	7	**fondre**, i et t	55	**frapper**, t et i	7
riflageoler, i	7	**forcer**, t et i	8	fraterniser, i	7
riflagorner, t	7	forcir, i	23	frauder, t	7
riflairer, t	7	*forclore*	84	frayer, t et i	19
riflamber, i et t	7	forer, t	7	fredonner, t et i	7
riflamboyer, i	21	*forfaire*, ti	61	**freiner**, i et t	7
riflancher, i	7	**forger**, t	9	frelater, t	7
riflâner, i	7	*forjeter*, t et i	18	frémir, i	23
riflanquer, t	7	forlancer, t	8	**fréquenter**, t	7
flaquer, t	7	forligner, i	7	fréter, t	12
flatter, t	7	forlonger, i et t	9	frétiller, i	7
riflécher, t	12	formaliser (se)	7	fricasser, t	7
fléchir, t et i	23	**former**, t	7	fricoter, t et i	7
riflétrir, t	23	formuler, t	7	frictionner, t	7
rifleurer, i et t	7	forniquer, i	7	frigorifier, t	10
rifleurir, i et t (1)	23	fortifier, t	10	*frigorifuger*, t	9
riflibuster, i et t	7	fossiliser, t et pr	7	*fringuer*, i et t	7
riflinguer, t	7	fossoyer, t	21	friper, t	7
riflipper, i	7	fouailler, t	7		
flirter [flœr], i	7	foudroyer, t	21		
rifloconner, i	7	fouetter, t et i	7		
		fouger, i	9		
		fouiller, t et i	7		
		fouiner, i	7		
		fouir, t	23		
		fouler, t et pr	7		
		fourber, t	7		
		fourbir, t	23		
		fourcher, i et t	7		
		fourgonner, i et t	7		

(1) **fleurir** :
• au sens propre (être en fleurs, orner de fleurs), **fleurir** se conjugue normalement sur **finir** ;
• au sens figuré (prospérer), **fleurir** a pour participe présent adjectif : *florissant (une mine florissante)* et on trouve parfois l'imparfait *florissait* à côté de *fleurissait*.

(2) **foutre** : ce verbe grossier se conjugue sur **attendre** (55, A) :
• le **d** est simplement remplacé par un **t** : *nous foutons ; je foutrai ; il est foutu ;*
• mais le **t** disparaît à la première et à la deuxième personne du singulier du présent de l'indicatif et à l'impératif singulier : *je fous ; tu fous ; fous-le dehors ;*
• le verbe est inusité au passé simple de l'indicatif et à l'imparfait du subjonctif.

G

) **grasseyer** : ce verbe est tout à
ait régulier. Les terminaisons du
roupe 1 doivent être ajoutées au
adical *grassey* (d'où des rencontres
i, comme dans l'imparfait : *nous
asseyions*).

H

h = h aspiré

I

(2) **issir** : le seul vestige de cet ancien verbe est le participe passé : *issu*.

(1) **intriguer** : participe présent : *intriguant*; mais l'adjectif et le substantif s'écrivent : *intrigant (un politicien intrigant, des intrigants).*

J

K

L

M

(1) **maudire** : bien qu'il soit composé sur **dire**, groupe 3, **maudire** se conjugue sur **finir**, groupe 2 : *nous maudissons, maudissant*. Seul le participe passé *maudit, -ite* garde une terminaison du groupe 3 (comparer **fini**).

(1) **monter** :
● dans les emplois transitifs, l'auxiliaire est naturellement *avoir*;
● dans les emplois intransitifs, on utilise **être** pour marquer l'état *(il est monté depuis une heure)*, et même

pour marquer l'action *(il est monté à midi)*. Cependant, pour insister sur l'action, il arrive qu'on utilise **avoir** dans certaines expressions : *les prix ont monté; la température a monté.*

N

(1) **négliger** : participe présent : *négligeant;* adjectif : *négligent.*

O

(1) **occire** n'est employé qu'à l'infinitif, au participe passé *(occis, -ise)* et aux temps composés. Même ces formes possibles sont rarement utilisées et presque uniquement dans le style plaisant. .

P

(3) **pelleter** : les formes où se succèdent deux sons [ɛ] (*je pellette*, etc.) sont prononcées : [ʒəpɛlt], etc.

Q

R

(1) **rapiécer** : attention au **ç** devant **a** et **o** (voir tableau 8).

(2) **rassir** est un infinitif qui a été forgé par la langue parlée (et employé par divers écrivains) à partir de **rassis, -ise**, participe passé de **rasseoir** (tableau 50), qui n'est plus senti comme tel, lorsqu'il s'applique au pain qui n'est plus frais sans être encore dur : *du pain rassis ; une brioche rassise*. L'expression *laisser rassir son pain* paraît toléré. Mais **rassir** ne peut se conjuguer, ni à l'actif, ni au passif. A l'actif on peut dire *laisser, faire rassir*, au passif, *devenir rassis*.

(3) **ravoir** n'est utilisé qu'à l'infinitif présent.

(1) **repartir** : répondre sur-le-champ, voir tableau 27, remarque 4a.

(2) **repartir** : partir de nouveau, voir tableau 27, remarque 4b.

(3) **répartir**, synonyme de **distribuer** : verbe à ne pas confondre avec les deux **repartir** qui précèdent.

(4) **ressortir** : sortir de nouveau, se conjugue, comme **sortir**, sur **sentir**.

(5) **ressortir** : être du ressort, de la compétence (juridique), se conjugue sur le type régulier **finir** : *cette affaire ressortit au juge de paix*.

(6) **résulter** n'a pour sujets que des noms de choses et s'emploie seulement à l'infinitif, au participe passé et aux troisièmes personnes du singulier et du pluriel.

S

(1) **saillir** : faire saillie, dépasser (intransitif), se conjugue sur **assaillir** (tableau 35).

(2) **saillir** :
• au sens de **jaillir** (intransitif) se conjugue comme **finir** : *l'eau saillissait (jaillissait)*, mais n'est guère employé qu'à l'infinitif et aux troisièmes personnes du singulier et du pluriel ;
• au sens de **s'accoupler avec** (transitif) se conjugue comme **finir,** à toutes les formes.

(1) **sortir** : avoir, obtenir, dans la langue du droit, se conjugue comme **finir**, mais ne s'emploie qu'à la 3e personne.

(2) **sortir** : passer au-dehors (intransitif, auxiliaire **être**), ou mener dehors, tirer dehors (transitif, auxiliaire **avoir**) se conjugue comme **sentir**.

(3) **sourdre** : sortir de terre (en parlant de l'eau) n'est usité qu'aux troisièmes personnes de l'indicatif présent et imparfait : *l'eau sourd, les eaux sourdent* (langue littéraire) ; *le sentiment qui sourdait en lui.*

(4) **stupéfait** est un adjectif. On l'a pris pour un participe passé, d'où son emploi dans des temps composés d'un prétendu verbe *stupéfaire,* et même à la 3e personne du singulier du présent de l'indicatif : *cette nouvelle m'a stupéfait ; *il stupéfiait le public par son adresse.* Ces emplois sont incorrects. Il faut employer le verbe **stupéfier.**

(1) **succéder :** le participe passé est
toujours invariable.

(2) **suffoquer :** participe présent :
suffoquant ; adjectif : *suffocant.*

T

(1) **tisser : tissu, -ue,** participe passé de l'ancien verbe **tistre** (tisser),
se rencontre encore quelquefois
avec le sens de mêlé, formé *(une
grammaire tissue de règles et d'exceptions)*. Ce participe passé sert
aussi parfois à construire des temps
composés : *l'intrigue que cet homme avait tissue...*

(1) **trafiquer** : le substantif *un trafi-
quant* s'écrit comme le participe présent.

(2) **transir** ne s'emploie plus guère
qu'à l'infinitif, au présent de l'indicatif (1re, 2e, 3e personnes du singulier et 3e personne du pluriel), ainsi
qu'aux temps composés *(le froid
m'a transi, je suis transi).*

U

V

(1) **vaquer :** participe présent : *va-quant;* adjectif : *vacant (les postes vacants).*

W

Z

Sommaire _____

Imprimé en France par
BRODARD GRAPHIQUE — Coulommiers-Paris
HA/2619/2
Dépôt légal n° 299-3-1985

Collection n° 09
Édition n° 02

16/5387/2